Der Meisterweg des Kybalion

Andreas Campobasso (Hrsg.)

Der Meisterweg des

Die 7 geheimnisvollen
hermetischen Schlüssel

Hans-Nietsch-Verlag

© Hans-Nietsch-Verlag 2010
Alle Rechte vorbehalten.
Nachdruck, auch auszugsweise, nur mit ausdrücklicher
Genehmigung des Verlags gestattet.

2. Auflage November 2010

Lektorat: Dagmar Schneider-Damm
Umschlaggestaltung: Andreas Campobasso, Peter Krafft
Layout und Satz: Roman Bold & Black

Hans-Nietsch-Verlag
Am Himmelreich 7
79312 Emmendingen

www.nietsch.de
info@nietsch.de

ISBN 978-3-939570-74-5

Inhalt

Vorwort von Andreas Campobasso 7

Einleitung 12

Kapitel 1 – Die hermetische Philosophie 17

Kapitel 2 – Die sieben hermetischen Gesetze 23
    Das Gesetz der Mentalität 24
    Das Gesetz der Entsprechung 25
    Das Gesetz der Schwingung 26
    Das Gesetz der Polarität 28
    Das Gesetz des Rhythmus 30
    Das Gesetz von Ursache und Wirkung 32
    Das Gesetz des Geschlechts 33

Kapitel 3 – Mentale Transmutation 35

Kapitel 4 – Das All 41

Kapitel 5 – Das mentale Universum 49

Kapitel 6 – Das göttliche Paradoxon 57

Kapitel 7 – „Das All in allem" 68

Kapitel 8 – Ebenen der Entsprechung 78

Kapitel 9 – Schwingung 92

Kapitel 10 – Polarität 99

Kapitel 11 – Rhythmus 105

Kapitel 12 – Kausalität 113

Kapitel 13 – Geschlecht 121

Kapitel 14 – Mentales Geschlecht 127

Kapitel 15 – Hermetische Axiome 139

Zitatensammlung des ursprünglichen *Kybalion* 148

Nachwort 154

Vorwort

Das alte, uns überlieferte Kybalion ist eines der geheimnisvollsten Bücher unserer Zeit: eine Offenbarung der uns umgebenden Wirklichkeit der Dinge. Ein Geheimnis, das uns, wenn es enthüllt wird, dabei hilft, das Leben vom Grund her zu verstehen und so auf das (nur augenscheinliche) „Schicksal" Einfluss zu nehmen. Ein wahrhaft wundervolles Werk!
Es bietet auf einzigartig komprimierte Weise Geheimnisse und altes Wissen, das aktueller ist denn je.

Die genaue Bedeutung des Wortes Kybalion ist seit Jahrhunderten verloren gegangen. Die Lehren des *Kybalion* jedoch sind vielen bekannt, denen sie im Lauf der Jahrhunderte mündlich überliefert worden sind.

Als ich damals auf das geheimnisvolle *Kybalion* stieß, war ich einerseits äußerst fasziniert, anderseits aber zugegeben auch ein wenig abgestoßen. Obwohl es so viel Tiefsinnigkeit wie kaum ein anderes Werk besitzt und von Geisteswissenschaftlern nicht zu Unrecht seit langem verehrt wird, war es doch für den uneingeweihten Leser und Laien kaum lesbar. Es wirkte zäh und unverständlich.

Deshalb machte ich es mir zur Aufgabe, es so zu bearbeiten, dass es für die heutige Zeit leichter verständlich wird. Dabei achtete ich sehr darauf, den Text so genau es nur geht in seiner ursprünglichen Aussage zu bewahren. Die Unterschiede in der Bedeutung, die ein Wort heute im Gegensatz zu damals, als dieses Werk entstand, in sich trägt, wurden sorgfältig berücksichtigt. Das so bearbeitete *Kybalion* offenbart uns Einsichten, die eine seltene Gelegenheit bieten, die Anfänge der modernen Sicht auf spirituelle Themen zu verstehen.

Wir sollten nicht vergessen, dass das Bewusstsein der Menschheit sich mit den Jahrhunderten verändert und weiterentwickelt hat. Die Energien und Frequenzen haben einen Wandel durchlaufen, der nahelegt, das *Kybalion* aus dieser neuen Sicht heraus zu betrachten. Heute können wir „geheime" Dinge viel offener und ohne „Eingeweihtensprache" darlegen, fern von dem Bestreben, wichtige Wahrheiten für „Uneingeweihte" zu verschleiern.

Die „drei Eingeweihten" nun, die als Autoren des *Kybalion* gelten, hatten zwar tiefe Einsicht in die Anatomie der Wirklichkeit, doch wie sie selbst zugeben, blieb diese dennoch begrenzt. Gerade das Verständnis unserer göttlichen Natur hat sich seit diesen Tagen stark erweitert, und die allgemeine Aufnahmebereitschaft hat sich seitdem beträchtlich erhöht.

Das *Kybalion* hat eine weit in die Urzeit zurückreichende Geschichte. Der jüngste Teil davon ist dieser: Im Dezember 1908 wurde in Chicago von dem „Yogi Publication Society, Masonic Temple" ein kleines Büchlein unter dem Titel *Kybalion: A Study of the Hermetic Philosophy of Ancient Egypt and Greece* herausgegeben, das in bestimmten geisteswissenschaftlichen Kreisen großes Aufsehen und überschwängliche Bewunderung hervorgerufen hat. Das ging so weit, dass das *Kybalion* in den Corpus der hermetischen Schriften, die dem großen altägyptischen Weisheitslehrer Hermes Trismegistos zugeordnet werden, eingereiht wurde.

1919 wurde es dann zum ersten Mal ins Deutsche übersetzt. Wer es verfasst hat, ist nicht ganz geklärt, da die Urheber anonym blieben und das Buch selbst nur auf „drei Eingeweihte" verweist. Verschiedene Personen werden hinter diesem Pseudonym vermutet, besonders William Walker Atkinson, aber auch Paul Foster Case, Michael Whitty und Mabel Collins.

Auf jeden Fall ist dieses *Kybalion*, welches uns heute vorliegt, offenbar „nur" eine Ableitung und Interpretation hermetischer Schriften durch diese drei Eingeweihten, wie sie selbst einräumen. Die drei Weisen zitieren in diesem Werk häufig das ursprüngliche *Kybalion*. Niemand weiß nun von Letzterem noch zu sagen, wie alt es wohl ist. Es gilt heute als verschollen oder doch nur bestimmten Eingeweihten zugänglich.

Am Ende dieses Buch sind deshalb noch einmal alle Zitate, die die „drei Eingeweihten" dem ursprünglichen *Kybalion* entnommen haben, übersichtlich aufgelistet.

Es ist möglich, dass das ursprüngliche *Kybalion* direkt von Hermes Trismegistos stammt und damit Jahrtausende alt ist. Den „drei Eingeweihten" lag das ursprüngliche Kybalion vor. Ob die Zitate, die sie uns hier präsentieren, das komplette Kybalion oder nur Auszüge daraus darstellen, wissen wir allerdings nicht.

Die „drei Eingeweihten" kommen aus der New-Thought-Bewegung, die auf hermetischen Grundlagen beruht. Darum enthält ihr Kommentar zum Kybalion nicht rein hermetisches, sondern auch christliches Gedankengut.

Dennoch verhilft uns das *Kybalion* wie kein anderes Werk in der Geschichte zu Einsichten in die Gesetzmäßigkeiten der uns umgebenden Wirklichkeit. Nicht alles in dem Werk deckt sich mit der Meinung des Autors dieser einführenden Zeilen oder mit der Meinung anderer Geisteswissenschaftler. Doch jeder kann sich ja am Büffet der Weisheit das auswählen, was ihm persönlich am besten weiterhilft. Wir können aus diesem Werk das mitnehmen, was zu unserem individuellen Weg passt!

Es ist nun mein Bestreben, all jenen, die weitere Einsicht in das Thema Wirklichkeit und in die sieben geistigen Gesetze erlangen wollen, eine leichter lesbare Fassung des ehrenwerten alten *Kybalion* zur Verfügung zu stellen.

Die sieben geistigen Gesetze sind folgende:

    1. Das Gesetz der Mentalität
    2. Das Gesetz der Entsprechung
    3. Das Gesetz der Schwingung
    4. Das Gesetz der Polarität

5. Das Gesetz des Rhythmus
6. Das Gesetz von Ursache und Wirkung
7. Das Gesetz des Geschlechts

So bietet uns das *Kybalion* Grundlagen, über die man gern selbst hinausgehen kann. Denn das Verständnis für die Offenbarungen der eigenen Göttlichkeit öffnet sich heute mehr und mehr.

Man könnte es so ausdrücken: In der geistigen Schule des Lebens ist das *Kybalion* mit der Grundschule zu vergleichen, denn es enthält die Regeln des Lebens innerhalb der dritten Dimension bis hinein in die vierte. Wir benötigen dieses Wissen dringend, um die begrenzte Grundausbildung dieser Dreidimensionalität hinter uns zu lassen und uns auf den (viel) weiter führenden Bildungsweg des Universums begeben zu können.

Vieles von dem, was unseren Geist heute beschäftigen mag, verstehen wir besser, wenn wir dieses alte Werk kennenlernen. Es ist deshalb angebracht, gründlich und aufmerksam weiterzulesen, damit sich mögliche innere Widersprüche auflösen. Hören wir auf unser Herz, denn es spricht allein die Sprache der persönlichen Wahrheit!

Andreas Campobasso

Das Kybalion

von den drei Eingeweihten

Einleitung

Wir freuen uns, den Schülern und Forschern der Geheimlehren dieses kleine Werk, welches auf den weltalten hermetischen Lehren beruht, zugänglich zu machen.
Bislang wurde diese Schrift trotz ihrer zahlreichen Bezugnahmen auf diese Lehren so selten erwähnt, dass die vielen Interessierten, die ernsthaft auf der Suche nach dem Arkanum (Geheimnis) der Wahrheit sind, das Erscheinen dieses Buches willkommen heißen werden.

Zweck des Werks ist nicht die Verkündigung einer speziellen Philosophie oder Lehre, sondern vielmehr der, lernbegierigen Schülern eine Darlegung der Wahrheit zu vermitteln. Diese Darlegung wird dazu dienen, die zahlreichen Teilstücke geheimen Wissens in Einklang zu bringen, welche sie auf ihrer Suche sicher erworben haben, die ihnen aber nicht miteinander in Verbindung zu stehen scheinen, was sie als Anfänger im Wahrheitsstudium leicht entmutigen und verärgern kann.

Wir möchten keinen neuen Weisheitstempel errichten, sondern unseren Schülern einen Meisterschlüssel aushändigen, mit dessen Hilfe sie die inneren Tore zum Tempel des Geheimnisses selbst öffnen können, in dessen Hauptportal sie bereits eingetreten sind.

Kaum ein Teil der geheimen Lehren der Welt wurde so streng gehütet wie die Fragmente der hermetischen Lehren. Doch sind Jahrtausende seit den Lebzeiten ihres Gründers Hermes Trismegistos verflossen. Hermes Trismegistos, der „Schriftgelehrte Gottes", lebte im alten Ägypten zu einer Zeit, da sich die gegenwärtige Menschheit noch im Stadium der Kindheit befand. Als Zeitgenosse Abrahams und – wenn die Legenden wahr sind – Lehrer dieses ehrwürdigen Weisen stellt Hermes die große zentrale Sonne des verborgenen Wissens dar, deren Strahlen die zahllosen Lehren, die seit seiner Zeit verkündet werden, hell erleuchten.

Alle Grundlagen der esoterischen Lehren jeder Kultur können auf Hermes zurückgeführt werden. Sogar die ältesten Lehren Indiens wurzeln ohne Zweifel in den ursprünglichen Lehren des Hermes.

Vom Land des Ganges wanderten viele fortgeschrittene Eingeweihte nach Ägypten, um dort in der Nähe des großen Meisters Wissen um den Meisterschlüssel zu sammeln, welcher ihre abweichenden Ansichten erklären und versöhnen würde. So wurde die Geheimlehre gegründet.

Auch aus anderen Ländern kamen die Gelehrten, und alle betrachteten Hermes als den Meister der Meister. So groß war sein Einfluss, dass noch heute eine Ähnlichkeit und eine Übereinstimmung in den Grundlagen der oft divergierenden Lehren in den verschiedenen Ländern festgestellt werden kann.

Ein Student der vergleichenden Religionswissenschaft kann den Einfluss der hermetischen Lehre in jeder nennenswerten Religion erkennen. In allen heute den Menschen bekannten Religionen – seien es tote oder Glaubensrichtungen unserer Tage – gibt es trotz der Widersprüche gewisse Übereinstimmungen.

Die hermetischen Lehren versöhnen alle Religionen.

Das Lebenswerk des Hermes bestand nicht in der Gründung einer philosophischen Schule, welche die Gedanken der Welt beherrschen sollte. Seine Aufgabe war es vielmehr, die Saat der Wahrheit zu säen, damit sie in allen Formen wachsen und blühen konnte. Und die von ihm gelehrten, ursprünglichen Wahrheiten wurden tatsächlich zu jeder Zeit von einigen Eingeweihten in ihrer ursprünglichen Reinheit erhalten.

Diese Eingeweihten verzichteten auf Massen an halb entwickelten Schülern und Anhängern. Sie folgten dem alten hermetischen Brauch, ihre Wahrheit für die Wenigen zu bewahren, welche sie auch verstehen und meistern konnten. Unter diesen Wenigen wurde die Wahrheit ausschließlich in mündlicher Tradition weitergegeben.

In jeder Generation gab es in verschiedenen Ländern einige Eingeweihte, welche die heilige Flamme der hermetischen Lehren am Leben hielten. Sie waren jederzeit bereit, mit ihrem Feuer die Lampen der Außenwelt wieder zu entzünden, wenn deren Licht der Wahrheit durch Vernachlässigung verdunkelt oder von fremden Stoffen verunreinigt wurde.

Es gibt immer einige Wenige, die den Altar der Wahrheit, auf dem das ewige Licht der Weisheit erhalten wurde, treu pflegen. Diese Getreuen weihten ihr Leben der Arbeit der Liebe, welche der Dichter so schön besingt:

„Oh lasst die Flammen nicht verlöschen!
Seit undenklichen Zeiten, in ihrer dunklen Höhle,
in ihren heiligen Tempeln gehegt.
Ernährt von reinen Dienern der Liebe –
lasst die Flamme nicht verlöschen!"

Niemals haben diese Bewahrer den Beifall der Massen oder Scharen von Anhängern gesucht. Sie stehen diesen Dingen gleichmütig gegenüber, denn sie wissen, wie wenig es sind, die in jeder Generation reif für die Wahrheit sind und sie anerkennen würden, wenn sie ihnen dargelegt würde.

Sie bewahren das „Fleisch für kräftige Männer" während andere „die Milch für die Säuglinge" liefern. Sie bewahren ihre Perlen der Weisheit für die wenigen Auserwählten, die ihren Wert erkennen und sie in ihren Kronen tragen. Sie werfen ihre Perlen nicht vor die materialistischen, gemeinen Schweine, welche sie in den Schmutz trampeln und mit ihrer schmutzigen geistigen Nahrung verunreinigen würden. Im *Kybalion* heißt es:

> „Die Lippen der Weisheit sind verschlossen,
> ausgenommen für die Ohren des Verstehens."

Und doch halten diese Weisen die ursprünglichen Lehren des Hermes stets für jene bereit, die fähig sind, sie zu empfangen. Ebenfalls im *Kybalion* steht zu lesen:

> „Wohin die Schritte der Meister fallen,
> da öffnen sich weit die Ohren derjenigen,
> die bereit sind für ihre Lehre."

Und dann:

> „Wenn die Ohren des Schülers
> bereit sind zu hören, dann kommen die Lippen,
> sie mit Weisheit zu füllen."

Diese Haltung stieß auf Kritiker, die geltend machten, dass die Hermetiker durch ihre Zurückgezogenheit und Verschwiegenheit nicht den reinen Geist offenbaren würden.

Aber ein kurzer Rückblick der Geschichte bringt die Wahrheit der Meister ans Licht, welche wohl wussten, wie unsinnig es wäre, die Welt etwas lehren zu wollen, was sie noch nicht verstehen kann.

Die Hermetiker waren nie bestrebt, Märtyrer zu werden. Sie saßen still abseits, auf den geschlossenen Lippen höchstens ein mitleidiges Lächeln.

Lärmend um sie her wüteten die „Heiden" in ihrem üblichen Vergnügen, die irregeführten Enthusiasten zu töten und zu martern, die glaubten, einem barbarischen Volk die Wahrheit aufzwingen zu können. Eine Wahrheit, welche doch nur von Auserwählten, welche schon auf dem Pfad fortgeschritten sind, verstanden werden kann.

Und der Geist der Verfolgung ist in unserer Welt noch nicht ausgestorben. Es gibt hermetische Lehren, die – öffentlich verkündet – ihren Lehrern noch immer nichts als Verachtung und Ungnade einbringen würden.

In diesem kleinen Werk versuchen wir, euch die grundlegenden Lehren aus dem *Kybalion* verständlich zu machen. Es sollen nur die Arbeitsgrundsätze vermittelt werden (wir wollen sie nicht im Detail ausarbeiten) und überlassen es euch selbst, sie nach bestem Gewissen anzuwenden.

Seid ihr wahre Schüler, dann werdet ihr auch fähig sein, die Grundsätze auszuarbeiten und anzuwenden. Seid ihr es nicht, müsst ihr euch erst zu solchen entwickeln, denn sonst bleiben die hermetischen Lehren nichts als leere „Worte, Worte, Worte" für euch.

Die drei Eingeweihten

1 Die hermetische Philosophie

„Die Lippen der Weisheit sind verschlossen,
ausgenommen für die Ohren des Verstehens."

Das Kybalion

Alle grundlegenden verborgenen und geheimen Lehren, welche die Philosophien aller Rassen, Nationen und Völker seit Jahrtausenden so stark beeinflussen, stammen aus dem alten Ägypten.

Ägypten, die Heimat der Pyramiden und der Sphinxe, war der Geburtsort der verborgenen Weisheit und der mystischen Lehren. Von seiner Geheimlehre haben alle Nationen geborgt. Indien, Persien, Chaldäa, Medea, China, Japan, Assyrien, das alte Griechenland und Rom und andere alte Länder nahmen an diesem Fest der Wissenschaften teil, welches die *Hierophanten* (griech.: Enthüller der heiligen Geheimnisse) und Meister aus dem Land der Isis freigiebig bereiteten.

Die ägyptischen Meister ließen freilich nur solche daran teilnehmen, die dazu bereit waren, von den großen Schätzen an mystischem und geheimem Wissen zu kosten, welche die Meister dieses alten Landes gesammelt hatten.

Im alten Ägypten lebten die großen Meister und Adepten, die seit den Tagen des Großen Hermes selten erreicht und nie übertroffen wurden. In Ägypten hatte auch die große Schule aller Schulen der Mystik ihren Sitz. Ihre Tempeltore wurden von den *Neophyten* (griech.: neues Pflänzchen, also Anfänger) betreten, die dann als Hierophanten, Adepten und Meister an alle vier Enden der Welt reisten und das kostbare Wissen mit sich trugen, das sie an Würdige weitergeben wollten. Alle Schüler der Geheimlehren erkennen an, dass sie tief in der Schuld dieser ehrwürdigen Meister des alten Ägypten stehen.

Einer war aber unter diesen großen Meistern des alten Ägypten, von dem sie als „dem Meister der Meister" sprachen. Dieser Mann – wenn er wirklich ein Mensch war – lebte in den frühesten Zeiten in Ägypten und war als Hermes Trismegistos bekannt. Er war der Vater der verborgenen Weisheit, der Begründer der Astrologie, der Entdecker der Alchimie. Die Einzelheiten seiner Lebensgeschichte gingen über die Jahrtausende verloren. Mehrere alte Länder stritten sich um die Ehre, sein Geburtsland zu sein.

Die Zeit seines Aufenthalts in Ägypten – seiner letzten Inkarnation auf unserem Planeten – ist nicht bekannt, man verlegt sie aber in die Tage der ältesten Dynastien Ägyptens lange vor Moses Zeiten. Die größten Autoritäten sehen ihn als einen Zeitgenossen Abrahams an, und manche jüdische Traditionen gehen so weit, zu behaupten, dass Abraham einen Teil seines mystischen Wissens von Hermes erhalten habe.

In den Jahren nach seinem Scheiden von dieser Daseinsebene (der Überlieferung nach lebte er dreihundert Jahre in seinem Körper) vergötterten die Ägypter Hermes und machten ihn unter dem Namen Thoth (ägypt. *Te-uth* oder *Tah-uti*) zu einem ihrer Götter. Die Ägypter verehrten ihn viele Jahrtausende hindurch, nannten ihn den „Schriftgelehrten Gottes" und wendeten für ihn ausdrücklich seinen alten Titel „Trismegistos" an, was bedeutet „der dreimal Große", der „große Große", der „ganz Große" usw.

In allen alten Ländern wurde der Name des Hermes Trismegistos als gleichbedeutend mit „Quelle der Weisheit", verehrt. Heute noch gebrauchen wir den Ausdruck „hermetisch" im Sinne von „geheim" oder „so fest verschlossen, dass nichts entweichen kann". Das liegt darin begründet, dass die Anhänger des Hermes den Grundsatz der Geheimhaltung ihrer Lehren stets hochhielten.

Sie warfen nicht „Perlen vor die Säue", sondern hielten an der Lehre „Milch für Säuglinge, Fleisch für starke Männer" fest. Beide Sätze sind den Lesern der christlichen Schriften bekannt, beide Sätze aber wurden schon lange in vorchristlicher Zeit im alten Ägypten angewendet.

Und diese Politik der Vorsicht in der Verbreitung der Wahrheit hat die Hermetiker zu allen Zeiten charakterisiert. Die hermetischen Lehren kann man in jedem Land, in jeder Religion finden, niemals aber identifiziert mit einer einzelnen religiösen Sekte. Denn die alten Lehrer warnten immer davor, die Geheimlehre in einem Glaubensbekenntnis erstarren zu lassen.

Für jeden Geschichtsforscher ist die Weisheit dieser Vorsicht offenkundig. Der alte geheime Weg Indiens und Persiens degenerierte, weil seine Lehrer zu Priestern wurden und Theologie und Philosophie vermengten – mit dem Ergebnis, dass die geheime Lehre Indiens und Persiens sich nach und nach in den Massen des religiösen Aberglaubens, der Glaubensbekenntnisse und der „Götter"-Kulte verlor.

Ebenso war es im alten Griechenland und Rom. So war es auch mit den hermetischen Lehren der Gnostiker und der ersten Christen. Sie gingen zur Zeit des Kaisers Konstantin verloren. Konstantin erstickte die Philosophie durch die Theologie. So verlor die christliche Kirche ihr wahres Wesen und ihren wahren Geist und musste sich durch mehrere Jahrhunderte tasten, ehe sie den Weg zum alten Glauben zurückfand. Alle aufmerksamen Beobachter bemerken die Anzeichen dafür, dass die Kirche nun kämpft, um ihre alten mystischen Lehren zurückzuerhalten.

Aber es hat immer einige treue Seelen gegeben, welche das Licht erhielten, es sorglich pflegten und nicht verlöschen ließen. Dank dieser starken Herzen, dieser furchtlosen Geister ist uns die Wahrheit bis heute überliefert. Diese Wahrheit ist jedoch nur selten in Büchern zu finden. Sie wurde vom Meister zum Schüler, vom Eingeweihten zum Neophyten, von Mund zu Ohr weitergegeben.

Wenn sie überhaupt niedergeschrieben wurde, dann wurde ihre Bedeutung unter alchimistischen und astrologischen Ausdrücken so verschleiert, dass nur solche, die den Schlüssel dazu besaßen, sie richtig lesen konnten. Diese Verschleierung war wegen der Verfolgung seitens der mittelalterlichen Theologen notwendig geworden, welche die Geheimlehre mit Feuer und Schwert bekämpften, mit Marterpfählen, Galgen und Kreuz.

Noch heutzutage kann man nur wenige zuverlässige Bücher über die hermetische Philosophie finden, obwohl in vielen Büchern aus den verschiedenen Phasen des verborgenen Wissens oft darauf Bezug genommen wird. Und doch ist die hermetische Philosophie der einzige Meisterschlüssel, der alle Tore der geheimen Lehre öffnen wird.

In frühen Zeiten gab es eine Sammlung gewisser grundlegender hermetischer Lehren, dem Schüler vom Lehrer mitgeteilt, welche als „Das *Kybalion*" bekannt war.
Die genaue Bedeutung dieses Wortes ist über die Zeit verloren gegangen. Die Lehren jedoch sind vielen bekannt, denen sie im Lauf der Jahrhunderte mündlich überliefert worden sind. So viel wir wissen, sind die Regeln des *Kybalion* niemals niedergeschrieben oder gedruckt worden.

Das *Kybalion* war eine Sammlung von Maximen, Axiomen und Regeln, die jedem Außenstehenden unverständlich waren, sie wurden aber von den Schülern wohl verstanden, nachdem die Eingeweihten sie den Neophyten erklärt und erläutert hatten.

Diese Lehren bildeten tatsächlich die Grundlagen für die „Kunst der hermetischen Alchimie" welche – im Gegensatz zu den allgemeinen Ansichten – viel mehr im Meistern der mentalen Kräfte bestand als in der Beherrschung der materiellen Elemente. Die hermetische Alchimie bestand in der Transmutation (Umwandlung) von mentalen Schwingungen in andere Schwingungen, nicht in der Umwandlung einer Metallart in ein anderes Metall. Die Legende vom „Stein der Weisen", welcher niedere Metalle in Gold verwandeln sollte, war eine Allegorie der hermetischen Philosophie, die von allen Studenten der wahren Hermetik wohl verstanden wurde.

In diesem kleinen Buch fordern wir die Schüler auf, die hermetischen Lehren zu untersuchen – die Lehren, die im *Kybalion* enthalten sind und die von uns, den bescheidenen Schülern der Lehre, erklärt werden. Wir tragen wohl den Titel von Eingeweihten, sind aber dennoch Schüler zu Füßen des Meisters Hermes.

Wir teilen euch in diesem Buch viele von den Maximen, Axiomen und Regeln aus dem *Kybalion* mit und versehen sie mit Erklärungen und erläuternden Beispielen, da wir glauben, dass diese das Verständnis erleichtern werden. Der Originaltext ist für den modernen Schüler schwer verständlich, da er von seltsamen Ausdrücken absichtlich verschleiert ist.

Die originalen Maximen, Axiome und Regeln aus dem *Kybalion* erscheinen in Anführungszeichen und sind hervorgehoben, unsere eigenen Worte sind normal gedruckt.

Wir hoffen, dass die Schüler, denen wir dieses kleine Werk anbieten, ebenso viel Nutzen aus dem Studium des Buches ziehen mögen wie die vielen, die auf dem Pfad der Meisterschaft vorangegangen sind in den Jahrhunderten, die seit den Tagen des Hermes Trismegistos, des Meisters der Meister, des großen Großen, verflossen sind.

Nach den Worten im *Kybalion*:

> „Wohin die Schritte der Meister fallen,
> da öffnen sich weit die Ohren derjenigen,
> die bereit sind für ihre Lehre."
>
> *Das Kybalion*

> „Wenn die Ohren des Schülers
> bereit sind zu hören,
> dann kommen die Lippen,
> sie mit Weisheit zu füllen."
>
> *Das Kybalion*

Übereinstimmend mit den Lehren soll dieses Buch die Aufmerksamkeit derer erregen, welche bereit sind, die Lehren zu empfangen. Ebenso wird, wenn ein Schüler oder eine Schülerin für die Wahrheit reif ist, dieses kleine Buch den Weg zu ihm oder zu ihr finden. Denn so ist das Gesetz. Das hermetische Gesetz von Ursache und Wirkung wird in seinem Aspekt vom Gesetz der Anziehung Lippen und Ohr, Schüler und Buch zusammenführen. Möge es so sein!

Die sieben hermetischen Gesetze

„Die Gesetze der Wahrheit sind sieben;
derjenige, der sie kennt und versteht,
besitzt den Meisterschlüssel,
durch dessen Berührung
sich alle Tore des Tempels öffnen."

Das Kybalion

Die sieben hermetischen Gesetze, auf welchen die ganze hermetische Philosophie beruht, sind folgende:

1. Das Gesetz der Mentalität
2. Das Gesetz der Entsprechung
3. Das Gesetz der Schwingung
4. Das Gesetz der Polarität
5. Das Gesetz des Rhythmus
6. Das Gesetz von Ursache und Wirkung
7. Das Gesetz des Geschlechts

Diese sieben Gesetze werden im Lauf der folgenden Lektionen besprochen und erklärt. Eine kurze Erläuterung eines jeden Gesetzes soll jedoch gleich hier und jetzt folgen.

Das Gesetz der Mentalität

„Das All ist Bewusstsein[1]; das Universum ist mental."

Das Kybalion

Das menschliche Bewusstsein ist das, was im Menschen denkt und fühlt. Unter dem Bewusstsein des Alls ist jener Aspekt zu verstehen, in dem das All denkt und fühlt.

Dieses Gesetz enthält die Wahrheit, dass „alles Bewusstsein" ist. Das All ist wesentliche Wirklichkeit, die allen äußeren Manifestationen und Erscheinungen, welche wir unter den Ausdrücken „das materielle Universum", „die Erscheinung des Lebens", „Materie", „Energie" erkennen, kurz allem, was für unsere materiellen Sinne wahrnehmbar ist, zugrunde liegt. Das Gesetz bedeutet, dass das All Geist ist, welcher in sich selbst unerkennbar und undefinierbar ist, welcher aber gedacht und betrachtet werden kann als universelles, unendliches, lebendes Bewusstsein.

Dieses Gesetz erklärt auch, dass die Erscheinungswelt oder das Universum nichts anderes ist als eine mentale Schöpfung des Alls. Dabei ist es den Gesetzen der erschaffenen Dinge unterworfen, dass das Universum als Ganzes und in seinen Teilen und Einzelwesen im Bewusstsein des Alls existiert, in dessen Bewusstsein wir „leben und uns bewegen und unser Sein haben".

Dadurch, dass dieses Gesetz die mentale Natur des Universums offenbart, erklärt es leicht all die verschiedenen mentalen und psychischen Phänomene, welche so oft die öffentliche Aufmerksamkeit auf sich lenken, aber ohne eine solche Erklärung unverständlich bleiben und jeder wissenschaftlichen Behandlung trotzen.

---

[1] engl. „mind". Es gibt kein deutsches Wort, das der Bedeutung des hier verwendeten „mind" ganz entsprechen würde. Darum wird in der Übersetzung ersatzweise das Wort „Bewusstsein" verwendet.

Das Verständnis dieses großen hermetischen Gesetzes befähigt das Individuum, die Gesetze des mentalen Universums zu erfassen und zu seinem Nutzen und Fortschritt anzuwenden. Der hermetische Schüler kann so die großen mentalen Gesetze intelligent anwenden, statt sie nur zufällig einzusetzen.

Hält er diesen Meisterschlüssel einmal in seinen Händen, kann der Schüler die zahlreichen Tore des mentalen und psychischen Weisheitstempels öffnen und ihn frei und intelligent betreten. Dieses Gesetz legt die wahre Natur von „Energie", „Macht" und „Materie" offen. Es erklärt, warum und wie all dies der Beherrschung des Bewusstseins unterworfen ist.

Vor langen Jahren schrieb ein alter hermetischer Meister:

> *„Wer die Wahrheit von der mentalen Natur*
> *des Universums erfasst hat,*
> *ist wohl fortgeschritten auf dem Pfad der Meisterschaft."*

Und diese Worte sind heute ebenso wahr wie zu der Zeit, da sie niedergeschrieben wurden. Ohne diesen Meisterschlüssel ist Meisterschaft unmöglich, und der Schüler pocht ohne ihn vergeblich an die Tore des Tempels.

Das Gesetz der Entsprechung

„Wie oben, so unten; wie unten, so oben."

Das Kybalion

Dieses Gesetz enthält die Wahrheit, dass zwischen den Gesetzen und Erscheinungen immer eine Übereinstimmung auf den verschiedenen Ebenen von Sein und Leben herrscht.

Das alte hermetische Axiom heißt: „Wie oben, so unten; wie unten, so oben." Das Erfassen dieses Gesetzes gibt uns die Mittel an die Hand, um viele im Dunkel liegende Paradoxe und verborgene Naturgeheimnisse zu lösen.

Es gibt Ebenen jenseits unseres Erkennungsvermögens. Wenden wir aber das Gesetz der Entsprechung an, können wir vieles verstehen, was sonst unsichtbar für uns bliebe. Dieses Gesetz gilt universal. Es offenbart sich überall auf den verschiedenen Ebenen des materiellen, des mentalen und des spirituellen Universums. Die alten Hermetiker betrachteten es als eines der wichtigsten mentalen Mittel, durch welche der Mensch die Hindernisse beseitigen kann, die das Unbekannte vor seinen Blicken verbergen.

Wer dieses Gesetz anwendet, dem mag es gelingen, sogar den Schleier der Isis (ägypt. *as(e)t*: Sitz, Thron) so weit zu lüften, dass er einen Schimmer vom Antlitz der Göttin erhascht.

Ebenso wie die Anwendung der geometrischen Lehrsätze den Menschen befähigt, von einer Sternwarte aus ferne Sonnen und ihre Bewegungen zu messen, so kann der Mensch mithilfe des Gesetzes der Entsprechungen intelligent vom Erkannten auf das Unbekannte schließen. Wenn er die Monade studiert, versteht er die Erzengel.

Das Gesetz der Schwingung

„Nichts ruht; alles bewegt sich; alles schwingt."

Das Kybalion

Dieses Gesetz enthält die Wahrheit, dass „alles in Bewegung ist", dass „nichts still steht", dass „alles schwingt". Bei diesen allgegenwärtigen

Schwingungen handelt es sich um Tatsachen, welche die moderne Wissenschaft bestätigt und die fast jede neue wissenschaftliche Entdeckung zu bestätigen geeignet ist.

Und doch wurde dieses hermetische Gesetz schon vor Tausenden von Jahren durch altägyptische Meister formuliert. Es erklärt, dass Unterschiede zwischen den verschiedenen Manifestationen von Materie, Energie, Bewusstsein und sogar Geist hauptsächlich auf abweichenden Schwingungsgraden beruhen.

Im All, welches reiner Geist ist, ist bis zu den gröbsten Formen der Materie buchstäblich alles in ständiger Schwingung. Je höher die Schwingung, desto höher der Platz auf der Stufenleiter. Die Schwingung des reinen Geistes ist von einem so unendlichen Grad von Intensität und Schnelligkeit, dass sein Zustand praktisch dem der Ruhe gleichkommt – so wie uns etwa ein sich sehr rasch drehendes Rad bewegungslos erscheint.

Am anderen Ende der Leiter gibt es grobe Formen der Materie, deren Schwingungen derart langsam sind, dass sie ebenfalls dem Ruhezustand gleichen.

Zwischen diesen Polen liegen Millionen und Abermillionen verschiedener Schwingungsgrade. Vom Atom zum Molekül und weiter bis hin zu ganzen Welten und Universen – alles befindet sich in immerwährender schwingender Bewegung.

Dies trifft auf den Ebenen von Energie und Kraft, welche verschiedene Grade von Schwingung repräsentieren, ebenso zu wie auf den mentalen oder auch den spirituellen Ebenen, deren Zustand von Schwingungen abhängt.

Wer dieses Gesetz versteht und die dazugehörigen Formeln kennt, kann seine eigenen mentalen Schwingungen sowie auch die mentalen Schwingungen anderer steuern.

Die Meister wenden dieses Gesetz auch dazu an, Naturerscheinungen auf vielfältige Art zu beherrschen.

> „Wer das Gesetz der Schwingung versteht,
> hat das Zepter der Macht erlangt"
>
> … sagt ein alter Schriftsteller.

Das Gesetz der Polarität

> „Alles ist zweifach, alles hat Pole;
> alles hat seine zwei Gegensätze;
> Gleich und Ungleich ist dasselbe.
> Gegensätze sind ihrer Natur nach identisch,
> nur im Grad verschieden;
> Extreme begegnen einander;
> alle Wahrheiten sind nur Halbwahrheiten;
> alle Paradoxa können in Übereinstimmung
> gebraucht werden."
>
> Das Kybalion

Dieses Gesetz enthält die Wahrheit, dass „alles zweifach ist", dass „alles zwei Pole hat", dass „alles seine zwei Gegensätze hat".

All diese Sätze sind alte hermetische Axiome. Das Gesetz erklärt die alten Paradoxa, die schon viele Menschen verblüfft haben, wenn sie feststellen: „Thesis und Antithesis sind ihrer Natur nach identisch, nur im Grad verschieden", „Gegensätze sind dasselbe, sie unterscheiden sich nur im Grad", „Jedes Paar von Gegensätzen kann in Übereinstimmung gebracht werden", „Extreme begegnen sich",

„Alles ist und ist nicht zu gleicher Zeit", „Alle Wahrheiten sind nur Halbwahrheiten", „Jede Wahrheit ist halb falsch", „Jedes Ding hat zwei Seiten" usw.

Es legt dar, dass alles zwei Pole oder entgegengesetzte Aspekte besitzt, dass Gegensätze in Wirklichkeit nur zwei Extreme derselben Erscheinung sind mit vielen graduellen Abstufungen dazwischen.

Zum Beispiel sind Hitze und Kälte, obwohl sie „Gegensätze" sind, doch tatsächlich dasselbe, die Unterschiede bestehen nur in den Graden ein und desselben Phänomens. Auf einem Thermometer ist kein Punkt zu entdecken, bei dem „Hitze" endet und „Kälte" beginnt. Es gibt keine absolute Hitze oder absolute Kälte – die zwei Ausdrücke Hitze und Kälte bezeichnen nur verschiedene Grade von Temperatur, und diese Temperatur, die als Hitze und als Kälte erscheint, ist nur eine Form, eine Variation und ein Grad von Schwingung.

Das gleiche Gesetz äußert sich auch im Fall von „Licht und Dunkelheit", welche die Folgen ein und desselben sind. Die Unterschiede bestehen nur in den verschiedenen Graden zwischen den beiden Polen der Erscheinung. Wo hört Dunkelheit auf, und wo beginnt das Licht?

Was ist der Unterschied zwischen „groß und klein", zwischen „hart und weich", zwischen „schwarz und weiß", zwischen „scharf und stumpf", zwischen „leise und laut", zwischen „hoch und niedrig", zwischen „positiv und negativ"?

Das Gesetz der Polarität erkennt und durchschaut diese Paradoxa. Das gleiche Gesetz wirkt auch auf der mentalen Ebene. Nehmen wir ein radikales und extremes Beispiel: „Liebe und Hass", zwei mentale Zustände, die anscheinend ganz verschieden voneinander sind. Und dennoch gibt es Grade des Hasses und Grade der Liebe und einen mittleren Bereich, an den sie sich annähern und in welchem wir die Ausdrücke Gefallen und Missfallen gebrauchen.

Diese Zustände gehen aber so nach und nach ineinander über, dass wir manchmal nicht wissen, ob uns etwas (oder jemand) nun gefällt oder missfällt. Sie sind nur graduelle Ausformungen desselben Grundgefühls. Und man kann noch weiter gehen – die Hermetiker halten dies sogar für noch wichtiger: Es ist möglich, die Schwingungen des Hasses in die Schwingungen der Liebe umzuwandeln; und zwar bei sich selbst sowie auch bei anderen!

Viele von euch, die diese Zeilen lesen, haben schon persönliche Erfahrungen in dem unwillkürlichen, raschen Übergang von Liebe zu Hass und umgekehrt kennengelernt, bei sich selbst und bei anderen. Ihr werdet daher die Möglichkeit dieses Überganges mithilfe des Willens, durch Anwendung der hermetischen Formeln verstehen. „Gut und Böse" sind auch nur die Pole desselben Dings, und der Hermetiker beherrscht die Kunst „Böses" in „Gutes" umzuwandeln durch die Anwendung des Gesetzes der Polarität.

Kurz, die Kunst der Polarisation ist ein Teil der mentalen Alchimie, der den alten und den modernen hermetischen Meistern bekannt ist und von ihnen ausgeübt wird. Wer dieses Gesetz versteht, ist fähig, seine eigene Polarität wie auch die Polarität anderer zu ändern, wenn er dem Studium, das zur Beherrschung dieser Kunst notwendig ist, die entsprechende Zeit widmet.

Das Gesetz des Rhythmus

*„Alles fließt aus und ein;
alles hat seine Gezeiten; alles hebt sich und fällt,
der Schwung des Pendels äußert sich in allem;
der Ausschlag des Pendels nach rechts ist das Maß für
den Ausschlag nach links; Rhythmus gleicht aus."*

Das Kybalion

Dieses Gesetz enthält die Wahrheit, dass sich in allem eine abgemessene Hin- und Herbewegung äußert: ein Ein- und Ausfluten, ein Rückwärts- und Vorwärtsschwingen, ein Pendeln zwischen Ebbe und Flut, zwischen Hoch-Zeit und Tief-Zeit – zwischen den beiden Polen eben, die in Übereinstimmung mit dem oben beschriebenen Gesetz der Polarität existieren.

Es gibt immer eine Aktion und eine Reaktion, einen Fortschritt und einen Rückschritt, ein Steigen und ein Fallen und dies in allen Angelegenheiten des Universums, der Sonnen, Welten, Menschen, Tiere, des Bewusstseins, der Energie und der Materie. Dieses Gesetz äußert sich in der Erschaffung und Zerstörung der Welten, im Aufstieg und Verfall der Nationen, im Leben aller Dinge und schließlich auch in den mentalen Zuständen der Menschen (und gerade im Zusammenhang mit letzteren finden die Hermetiker das Verständnis dieses Gesetzes am wichtigsten).

Die Hermetiker haben dieses Gesetz erfasst, da sie seine universale Anwendung erkannten. Sie haben auch gewisse Mittel entdeckt, um durch Anwendung geeigneter Formeln (*Mantras*: Affirmationen) und Methoden der Wirkung dieses Gesetzes in sich selbst zu begegnen. Sie wenden das mentale Gesetz der Neutralisation an.

Sie können das Gesetz nicht aus der Welt schaffen, können seine Wirkung nicht aufheben, aber sie haben gelernt, seine Wirkungen auf sich selbst bis zu einem gewissen Grad, der von seiner Beherrschung abhängt, zu umgehen. Sie haben gelernt, es zu gebrauchen, statt von ihm gebraucht zu werden.

Die hermetischen Meister polarisieren sich auf jenen Punkt, auf welchem sie zu ruhen wünschen, und neutralisieren dann die rhythmische Pendelschwingung, welche sie zum anderen Pol tragen will.

Alle Individuen, die ein gewisses Maß an Selbstbeherrschung erlangt haben, tun dies schon mehr oder weniger unbewusst. Aber der Meister tut es bewusst und mithilfe seines Willens. Er erreicht einen Grad von Gleichgewicht und mentaler Festigkeit, der für die Massen, die gleich einem Pendel vor- und rückwärts geschwungen werden, schwer fassbar ist.

Dieses Gesetz und das Gesetz der Polarität wurde von den Hermetikern eingehend studiert und die Methoden des Entgegenwirkens, der Neutralisation und der Gebrauch derselben bilden einen Hauptteil der hermetischen mentalen Alchimie.

Das Gesetz von Ursache und Wirkung

„Jede Ursache hat ihre Wirkung; jede Wirkung hat ihre Ursache; alles geschieht gesetzmäßig; Zufall ist nur ein Name für ein unerkanntes Gesetz, es gibt viele Ebenen der Ursachen, aber nichts entgeht dem Gesetz."

Das Kybalion

Dieses Gesetz enthält die Wahrheit, dass jede Wirkung ihre Ursache hat und dass jede Ursache eine Wirkung hervorbringt. Es zeigt auf, dass „alles gesetzmäßig geschieht", dass sich nichts „nur zufällig ereignet", dass es „keinen Zufall gibt". Dass unter den verschiedenen Ebenen der Ursache und Wirkung die höheren Ebenen die niederen beherrschen, dass aber nichts jemals ganz dem Gesetz entgeht.

Die Hermetiker verstehen die Kunst und die Methoden, sich bis zu einem gewissen Grad über die gewöhnlichen Folgen von Ursache und Wirkung zu erheben, indem sie sich mental auf eine höhere Ebene begeben. So werden sie selbst zu wirkenden Ursachen.

Die Massen des Volkes werden weitergetragen, sie gehorchen der Umgebung, den Willen und Wünschen anderer, die stärker sind als sie, der Vererbung, Suggestion und noch anderen äußeren Ursachen, von denen sie gleich Schachfiguren über das Spielbrett des Lebens bewegt werden.

Die Meister aber erheben sich zu den höheren Ebenen und beherrschen so ihre Stimmungen, Charaktere, Eigenschaften und Kräfte ebenso gut wie ihre Umgebung. Sie werden Spieler statt Spielfiguren. Sie helfen mit, das Spiel des Lebens zu spielen, statt von anderem Willen und von ihrer Umgebung bewegt zu werden. Sie wenden die Gesetzmäßigkeiten selbst an, statt ihre Werkzeuge zu sein.

Die Meister sind der Kausalität der höheren Ebenen unterworfen, aber sie helfen, das eigene Leben zu beherrschen.

In dieser Darlegung ist eine Welt hermetischen Wissens enthalten – lebe sie, wer kann!

Das Gesetz des Geschlechts

„Geschlecht ist in allem; alles hat sein männliches und sein weibliches Gesetz in sich; Geschlecht offenbart sich auf allen Ebenen."

Das Kybalion

Dieses Gesetz enthält die Wahrheit, dass sich in allem das Geschlecht offenbart, dass das männliche und das weibliche Prinzip stets tätig sind. Dies trifft nicht nur auf der physischen Ebene, sondern auch auf der mentalen und sogar auf der spirituellen Ebene zu. Auf der körperlichen Ebene äußert sich das Gesetz als Sexualität, auf den höheren

Ebenen nimmt es höhere Formen an, das Gesetz aber bleibt immer dasselbe.

Keine Schöpfung, sei sie physisch, mental oder geistig, ist ohne dieses Gesetz möglich. Und das Verständnis dieses Gesetzes erhellt so manche Tatsachen, die den Menschenverstand schon verblüfft haben.

Das Gesetz wirkt immer in der Richtung von Zeugung, Neubildung und Schöpfung. Alle Dinge, alle Personen enthalten in sich die beiden Elemente oder Prinzipien, die dieses große Gesetz des Geschlechts umfasst.

Jedes männliche Wesen enthält auch das weibliche Element, jedes weibliche Wesen enthält auch den männlichen Teil.

Wer die Philosophie der mentalen und geistigen Schöpfung, Zeugung und Neubildung verstehen will, muss auch dieses hermetische Gesetz verstehen und studieren. Es enthält die Lösung vieler Rätsel des Lebens.

Eine Vorwarnung: Dieses Gesetz hat keinerlei Beziehung zu den zahlreichen gemeinen, verderblichen und erniedrigenden lüsternen Theorien, Lehren und Praktiken, die unter phantastischen Namen gelehrt werden und die doch nur eine Entweihung dieses großen Naturgesetzes bedeuten.

Solche gemeine Wiederbelebung der alten berüchtigten Formen des Phallizismus verdirbt Gemüt, Körper und Seele. Die hermetische Philosophie hat immer eindringlich vor diesen niederen Lehren gewarnt, die nur dazu geeignet sind, Begierden und Zügellosigkeiten zu wecken und das Gesetz der Natur zu verdrehen.

Wer solche Lehren sucht, muss sich an andere wenden; die hermetische Lehre enthält nichts Derartiges.

Dem Reinen ist alles rein – dem Gemeinen ist alles gemein.

3 Mentale Transmutation

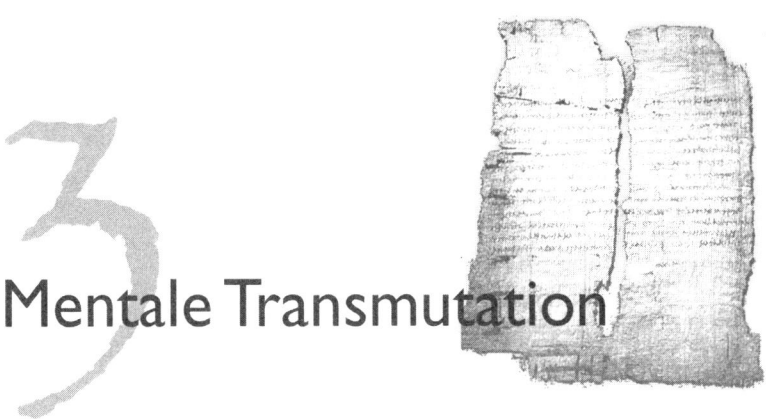

„Bewusstsein (ebenso gut wie Metalle und Elemente)
kann von Zustand zu Zustand
umgewandelt werden, von Grad zu Grad,
von Beschaffenheit zu Beschaffenheit;
von Pol zu Pol; von Schwingung zu Schwingung.
Wahre hermetische Transmutation
ist eine mentale Kunst."

Das Kybalion

Wie bereits gesagt, waren die Hermetiker die ursprünglichen Alchimisten, Astrologen und Psychologen und Hermes der Gründer dieser Schulen. Aus der Astrologie wurde die moderne Astronomie, aus der Alchimie wurde die moderne Chemie, aus der mystischen Psychologie wurde die moderne Schulpsychologie.

Man darf aber nicht annehmen, die Alten hätten nichts von dem gewusst, was die modernen Schulen für ihr ausschließliches und spezielles Eigentum halten. Die Urkunden, die in den Steinen des alten Ägypten eingegraben sind, zeigen eindeutig, dass die Alten ein volles, umfassendes Wissen der Astronomie besaßen. Zeigt doch der Bau der Pyramiden den Zusammenhang zwischen dem Bauplan und dem Studium der Astronomie.

Auch auf dem Gebiet der Chemie waren sie durchaus nicht unwissend. Denn die Fragmente der alten Schriften zeigen uns, dass sie mit den chemischen Eigenschaften der Dinge wohl vertraut waren.

Ja, die letzten Entdeckungen der modernen Wissenschaft bestätigen allmählich die alten physikalischen Theorien, besonders die, welche sich auf die Beschaffenheit der Materie beziehen. Man darf aber ebenso wenig denken, die Alten hätten von den sogenannten modernen Entdeckungen der Psychologie noch nichts geahnt. Ganz im Gegenteil – die Ägypter waren in der Psychologie vorzüglich erfahren, besonders in den Zweigen, von denen die modernen Schulen nichts wissen, die aber nichtsdestoweniger unter dem Namen „psychische Wissenschaft" entdeckt worden sind.
Diese Wissenschaft verblüfft die Psychologen von heute und lässt sie widerstrebend zugestehen, „dass nach allem doch etwas daran sein muss".

Tatsache ist, dass die Alten außer der materiellen Chemie, Astronomie und Psychologie (das heißt die Psychologie als Lehre von der „Gehirntätigkeit") auch Kenntnisse in der transzendenten Astronomie – Astrologie genannt –, der transzendenten Chemie – Alchimie – und der transzendenten Psychologie – mystische Psychologie – besaßen. Sie besaßen sowohl die innere wie auch die äußere Wissenschaft, welche letztere allein der modernen Wissenschaft bekannt ist.

Einer der vielen geheimen Zweige des hermetischen Wissens, die mentale Transmutation, bildet den Gegenstand dieser Lektion.

„Transmutation" ist ein Ausdruck, der gewöhnlich als Bezeichnung der alten Kunst von der Verwandlung der Metalle gebraucht wird – hauptsächlich der Verwandlung niederer Metalle in Gold. Das Wort „Transmutation" bedeutet „von einer Natur, Form oder Substanz in eine andere verändern, umformen". Daher bedeutet „mentale Transmutation" die Kunst, mentale Zustände, Formen, Beschaffenheit in andere umzuwandeln, umzuformen.

So könnte man sehen, dass mentale Transmutation die Kunst „mentaler Alchimie" ist, also eine Form praktischer Psychologie, wenn euch dieser Ausdruck angemessener erscheint.

Aber dies bedeutet weit mehr als das, was uns bei oberflächlicher Betrachtung erscheint. Transmutation, Alchimie oder Chemie auf den mentalen Ebenen sind in ihren Wirkungen sicherlich wichtig genug, dass sie, selbst wenn die Kunst hier zu Ende wäre, immer noch einen der wichtigsten Zweige menschlicher Forschung darstellen. Aber das ist nur der Anfang. Sehen wir weiter!

Das erste der sieben hermetischen Gesetze ist das Gesetz des Mentalismus, dessen Axiom sagt: *„Das All ist Bewusstsein; das Universum ist mental."* Das bedeutet, dass die wesentliche Wirklichkeit, die dem Universum unterliegt, Bewusstsein ist, dass im Bewusstsein das All existiert.

Wir werden das Gesetz in den folgenden Lektionen besprechen, vorerst wollen wir es als wahr ansehen und seine Wirkungen betrachten.

Wenn das Universum seiner Natur nach mental ist, dann muss mentale Transmutation die Kunst sein, die Konditionen (Zustände, Beschaffenheit) des Universums in Bezug auf Materie, Kraft und Bewusstsein zu verändern. Man sieht, dass mentale Transmutation wirklich die „magische Kraft" ist, von der die alten Schriftsteller in ihren mystischen Werken so viel zu sagen haben, in denen sie aber nur so wenig praktische Unterweisung geben.

Wenn alles mental ist, dann muss die Kunst, die den Meister befähigt, mentale Zustände zu transmutieren, ihn zum Herrscher über materielle ebenso wie auch über mental genannte Zustände machen.

Tatsache ist, dass nur fortgeschrittene mentale Alchimisten den Grad der Macht erlangen konnten, der notwendig ist, die gröberen physikalischen Zustände zu beherrschen, über die Elemente der Natur zu gebieten, Gewitter und Erdbeben und andere große physikalische Phänomene hervorzurufen und zu beenden.

Dass aber solche Männer lebten und noch heute leben, wird von allen fortgeschrittenen Eingeweihten aller Schulen ernstlich geglaubt. Die besten Lehrer versichern ihren Schülern, dass die Meister leben und diese Kräfte besitzen, da sie selbst Erfahrungen gemacht haben, die einen solchen Glauben und solche Behauptungen rechtfertigen.

Die Meister zeigen ihre Macht nicht öffentlich, sondern suchen die Einsamkeit, um besser auf ihrem Pfad der Vervollkommnung voranzuschreiten. Wir erwähnen ihre Existenz nur, um eure Aufmerksamkeit auf die Tatsache zu lenken, dass ihre Macht vollständig mental ist und nach der höheren mentalen Transmutation wirkt, in Übereinstimmung mit dem hermetischen Gesetz der Mentalität:

„Das Universum ist mental."

Das Kybalion

Schüler und Hermetiker niederen Grades aber – die Eingeweihten und Lehrer – können auf den mentalen Ebenen frei wirken, in mentaler Transmutation. Alles, was wir „psychische Phänomene", „mentale Beeinflussung", „mentale Wissenschaft", „neugedankliche Phänomene" usw. nennen, wirkt tatsächlich entlang derselben allgemeinen Richtlinien. Denn in allen Phänomenen, wie sie auch heißen mögen, wirkt nur ein Gesetz.

Schüler und Ausübende der mentalen Transmutation arbeiten auf den mentalen Ebenen, indem sie mentale Bedingungen, Zustände usw. in andere umwandeln nach verschiedenen mehr oder weniger wirksamen Gesetzen. Die verschiedenen „Behandlungen", „Behauptungen", „Verneinungen" usw. der mentalwissenschaftlichen Schulen sind nur – oft ganz unvollkommene und unwissenschaftliche – Formeln der hermetischen Kunst.

Die Mehrzahl der modernen Gelehrten ist im Vergleich zu den alten Meistern ganz unwissend, denn ihnen fehlen die fundamentalen Kenntnisse, auf denen das Werk ruht. Durch die hermetischen Methoden kann man nicht nur seine eigenen mentalen Zustände usw. verändern oder transmutieren, sondern auch die Zustände anderer.

Dies Letztere geschieht meist unbewusst, doch manchmal bewusst durch Menschen, welche die Gesetze entsprechend verstehen und in manchen Fällen Betroffene beeinflussten, welche von dem Gesetz des Selbstschutzes nicht unterrichtet sind. Ja, noch mehr, vielen Schülern und Ausübenden der modernen mentalen Wissenschaft ist bekannt, dass jeder materielle Zustand, der vom Bewusstsein anderer abhängt, verändert oder transmutiert werden kann. Das geschieht in Übereinstimmung mit dem ernsten Wunsch, Willen und der „Behandlung" derjenigen Person, die veränderte Lebensbedingungen wünscht.

Diese Tatsachen sind heute so allgemein bekannt, dass wir es nicht für notwendig erachten, sie lange zu besprechen.

Wir wollen jetzt nur zeigen, dass das hermetisches Gesetz und die hermetische Kunst all diesen verschiedenartigen Formen der Praxis unterliegt, sei die Praxis gut oder böse. Denn nach dem hermetischen Gesetz der Polarität kann die Kraft in entgegengesetzte Richtungen angewendet werden.

In diesem kleinen Buch werden wir die Grundgesetze mentaler Transmutation darlegen, so dass alle, die es lesen, die zugrunde liegenden Gesetze erfassen und so den Meisterschlüssel erlangen mögen, welcher die zahlreichen Tore des Polaritätsgesetzes erschließen wird.

Wir werden nun das erste der sieben hermetischen Gesetze betrachten, das Gesetz der Mentalität, in welchem nach den Worten im *Kybalion* die Wahrheit erklärt wird: *„Das All ist Bewusstsein; das Universum ist mental."*

Wir fordern von unseren Schülern große Aufmerksamkeit und das sorgfältige Studium dieses großen Gesetzes, weil es tatsächlich das Grundgesetz der ganzen hermetischen Philosophie und der hermetischen Kunst mentaler Transmutation darstellt.

4 Das All

„Unter und hinter dem Universum
von Zeit, Raum und Wechsel
kann man die substantielle Wirklichkeit,
die fundamentale Wahrheit finden."

Das Kybalion

„Substanz" bedeutet „das, was allen äußeren Erscheinungen zugrunde liegt; die wesentliche Wirklichkeit; das Ding an sich". „Substantiell" bedeutet dementsprechend „wirklich existierend, das wesentliche Element zu sein, wirklich zu sein".

„Wirklichkeit" bedeutet: „der Zustand wirklichen Seins, wahr, dauernd, gültig, festgesetzt, beständig, gegenwärtig". Unter und hinter allen äußeren Erscheinungen und Manifestationen muss es immer substantielle Wirklichkeit geben. Dies ist das Gesetz.

Wenn der Mensch das Universum, von dem er ein Teil ist, betrachtet, sieht er nichts als Wechsel in der Materie, den Kräften und den mentalen Zuständen. Er sieht, dass nichts wirklich *ist*, sondern alles im Werden und Wechseln begriffen. Nichts steht still: Alles wird geboren, wächst, stirbt. Im selben Moment, da ein Ding seinen Höhepunkt erreicht, beginnt schon sein Verfall – das Gesetz vom Rhythmus wirkt beständig. Es gibt keine Wirklichkeit, andauernde Eigenschaft, Festigkeit oder Wesentlichkeit – nichts ist beständig als der Wechsel.

Er sieht, dass sich alles aus anderen Dingen entwickelt und sich in anderen Dingen auflöst – fortwährende Aktion und Reaktion, Einfließen und Ausfließen, Aufbauen und Niederreißen, Schöpfung und Zerstörung, Geburt, Wachstum und Tod. Nichts dauert an als nur der Wechsel. Und wer ein denkender Mensch ist, erkennt, dass all diese wechselnden Dinge nur äußere Erscheinungen oder Manifestationen irgendeiner zugrunde liegenden Macht, einer substantiellen Wirklichkeit sein können.

Die Denker aller Länder und aller Zeiten haben angenommen, dass es notwendig ist, die Existenz dieser substantiellen Wirklichkeit vorauszusetzen. Alle Philosophien, die diese Bezeichnung wert sind, bauten auf diesem Gedanken auf. Die Menschen haben dieser substantiellen Wirklichkeit viele Namen gegeben – manche nannten sie Gottheit (mit vielen Namen bedacht), andere nannten sie die unendliche und ewige Energie, andere wollten sie Materie nennen – alle aber haben ihre Existenz anerkannt.

Sie ist selbstverständlich – sie braucht keine Beweise. In diesen Lektionen folgen wir dem Beispiel der hermetischen Meister, einiger der größten Denker der Welt, sowohl der alten als auch der modernen, und nennen diese zugrunde liegende Macht, diese substantielle Wirklichkeit bei ihrem hermetischen Namen: „das All".

Wir halten diesen Ausdruck für den umfassendsten unter allen Ausdrücken, welche der Mensch für das, was alle Namen und Ausdrücke übersteigt, zur Anwendung brachte. Wir nehmen die Ansicht der großen hermetischen Denker und der erleuchteten Seelen, welche höhere Daseinsebenen erreicht haben, an und lehren sie. Sie alle behaupten, dass die innere Natur des Alls unerkennbar ist. Dies muss so sein, weil nichts als das All selbst seine eigene Natur und sein eigenes Wesen verstehen kann.

Die Hermetiker glauben und lehren, dass das All in sich selbst unerkennbar ist und immer sein muss. Für sie sind all die Theorien, Vermutungen und übersinnlichen Lehren, welche die innere Natur des Alls betreffen, nichts als kindische Bemühungen sterblichen Bewusstseins, das Geheimnis des Unendlichen zu erfassen. Solche Anstrengungen sind immer fehlgeschlagen und werden immer fehlschlagen, das liegt in der Natur der Sache. Wer darüber nachgrübelt, läuft im Labyrinth der Gedanken im Kreise umher, bis er für jede gesunde Vernunft, Handlung und Verhalten verloren ist und für das Leben vollkommen untüchtig wird. Er gleicht dem Hamster, welcher wie wahnsinnig das Tretmühlenrad seines Käfigs dreht, immer läuft und doch kein Ziel erreicht – und schließlich ein Gefangener bleibt, der dort steht, von wo er ausging.

Noch anmaßender aber sind diejenigen, welche dem All ihre eigene Persönlichkeit, ihre Eigenschaften, Beschaffenheiten, Kennzeichen und Merkmale zuschreiben. Diese schreiben dem All menschliche Empfindungen und Gefühle zu, nieder bis zu den kleinlichsten menschlichen Eigenschaften, als da sind Eifersucht, Zugänglichkeit für Schmeichelei und Lob, Wunsch nach Opfern und Anbetung und andere Überbleibsel aus den Tagen, da unsere Rasse in ihrer Kindheit war. Solche Ideen sind erwachsener Männer und Frauen nicht würdig und sollten rasch abgelegt werden.

Wir halten es für angezeigt, jetzt gleich festzustellen, dass wir einen Unterschied machen zwischen Religion und Theologie – zwischen Philosophie und Metaphysik.
Religion bedeutet für uns die intuitive, lebhafte Vorstellung von der Existenz des Alls und die eigenen Beziehungen zum All. Während Theologie die Versuche der Menschen umfasst, dem All Persönlichkeit, Eigenschaften und Merkmale zuzuschreiben. Theologische Theorien betreffen ihre Angelegenheiten, Wünsche, Pläne und Vorhaben und nehmen schließlich die Notwendigkeit von Mittelspersonen zwischen dem All und den Menschen an.

Philosophie bedeutet für uns das Suchen nach Erkenntnissen von erkennbaren und denkbaren Dingen, während Metaphysik den Versuch darstellt, die Forschungen über und jenseits der Grenzen in unerkennbare und undenkbare Regionen hinaus zu verlegen mit derselben Tendenz wie die Theologie.

Folglich sind für uns sowohl Religion als auch Philosophie Dinge, die in der Wirklichkeit wurzeln, während Theologie und Metaphysik gebrochenen Schilfrohren gleichen, die im Flugsand wachsen und dem Bewusstsein und der Seele des Menschen nur ganz unsichere Stützen bieten können.

Wir verlangen von unseren Schülern nicht, dass sie diese Definitionen annehmen, wir erwähnen sie nur, um unsere Position darzulegen. Jedenfalls werdet ihr in diesen Lektionen sehr wenig über Theologie und Metaphysik hören.

Obwohl die wesentliche Natur des Alls unerkennbar bleibt, gibt es doch damit verbundene gewisse Wahrheiten, die anzunehmen das menschliche Bewusstsein genötigt ist. Eine Untersuchung dieser Wahrheiten bildet einen geeigneten Gegenstand der Forschung, umso mehr, als sie mit den Berichten der Erleuchteten höherer Ebenen übereinstimmen. Zu dieser Untersuchung fordern wir unsere Leser nun auf.

> *„Das, was die fundamentale Wahrheit ist – die wesentliche Wirklichkeit – steht über allen Namen, die weisen Männer aber nennen es das All."*
>
> Das Kybalion

> *„In seinem Wesen ist das All unerkennbar."*
>
> Das Kybalion

> *„Der Bericht der Vernunft aber muss gastlich empfangen und mit Achtung behandelt werden."*
>
> Das Kybalion

Die menschliche Vernunft, auf die wir hier hören müssen, solange wir überhaupt denken, sagt uns Folgendes über das All – ohne auch nur zu versuchen, den Schleier des Unerkennbaren zu lüften:

1. Das All muss alles sein, was wirklich ist. Es kann nichts geben, das außerhalb des Alls existiert, sonst wäre das All nicht das All.

2. Das All muss unendlich sein, denn es gibt sonst nichts, das All zu definieren, zu beschränken, zu begrenzen.

   Es muss unendlich sein in der Zeit oder ewig. Es muss immer fortdauernd existiert haben, denn es gibt nichts, von dem es hätte erschaffen werden können – und etwas kann niemals aus nichts entstehen und wenn es jemals nichts gewesen wäre, nur für einen Augenblick, würde es jetzt nicht sein.

   Es muss immer, fortdauernd existiert haben, denn es gibt nichts, von dem es zerstört werden könnte. Es kann nie nicht sein, auch nicht nur für einen Augenblick, denn etwas kann niemals nichts werden. Es muss unendlich sein im Raum, es muss überall sein. Denn es gibt keinen Ort außerhalb des Alls, es kann nicht anders als zusammenhängend im Raum sein, ohne Lücke, Grenze oder Unterbrechung, denn es gibt nichts, das seinen Zusammenhang trennen könnte, nichts, das die Lücken ausfüllen könnte.

   Es muss unendlich sein in der Macht oder absolut, denn es gibt nichts, von dem es begrenzt, eingeschränkt, zurückgehalten, gestört oder bedingt werden könnte – es ist keiner anderen Macht untertan, weil es keine andere Macht gibt.

3. Das All muss unveränderlich sein, in seiner realen Natur keinem Wechsel unterworfen. Denn es gibt nichts, das eine Veränderung am All hervorbringen könnte. Es gibt nichts, in das es umgeändert werden könnte, nichts, aus dem es durch Veränderung hätte entstehen können.

Es kann zu nichts hinzugefügt werden und von nichts abgezogen werden. Es lässt sich nicht vermehren und nicht vermindern. Noch kann es in irgendeiner Hinsicht größer oder kleiner werden. Genau das, was es jetzt ist – das All – muss es immer gewesen sein und muss es immer bleiben.

Etwas anderes, in das es sich hätte umändern können, hat es nie gegeben, gibt es jetzt nicht und wird es nie geben. Daraus, dass das All unendlich, absolut, ewig und unveränderlich ist, folgt, dass alles, was endlich, bedingt, wechselnd und fließend ist, nicht das All sein kann.

Und da es tatsächlich nichts außerhalb des Alls gibt, müssen alle endlichen Dinge in Wirklichkeit so viel wie nichts sein. Lasst euch dadurch aber nicht verwirren oder erschrecken – wir beabsichtigen durchaus nicht, euch unter dem Deckmantel der hermetischen Philosophie auf das Gebiet christlicher Wissenschaften zu führen. Es gibt eine versöhnende Lösung dieser anscheinend widersprechenden Feststellungen. Habt Geduld, mit der Zeit werden wir sie erlangen.

Um uns herum sehen wir das, was Materie heißt, was die physische Grundlage für alle Lebensformen bildet. Ist das All nur Materie? Ganz und gar nicht!

Materie kann nicht Leben oder Bewusstsein offenbaren, da aber Leben und Bewusstsein im Universum manifestiert sind, kann das All nicht Materie sein. Denn nichts steigt höher als seine eigene Quelle – nichts ist je in einer Wirkung manifestiert, das nicht schon in der Ursache enthalten ist. Nichts entwickelt sich als Folge, das nicht schon im Vorhergegangenen verhüllt war.

Weiter lehrt uns die moderne Wissenschaft, dass es in Wirklichkeit Materie nicht gibt – dass das, was wir Materie nennen, nur „unterbrochene Energie oder Kraft" ist, das heißt Energie oder Kraft in ganz niederer Schwingung. Ein moderner Schriftsteller sagt: „Materie ist mit Geheimnissen verschmolzen." Sogar die materialistische Wissenschaft ist von der Theorie der Materie abgekommen und ist nun auf der Basis der Energie begründet.

Dann ist das All nur Energie oder Kraft? Nicht Energie oder Kraft im Sinne der Materialisten, denn ihre Energie und ihre Kraft sind blind und mechanisch, ohne Leben oder Bewusstsein. Leben und Bewusstsein kann sich niemals aus blinder Energie oder Kraft entwickeln, aus dem soeben gegebenen Grund: „Nichts kann höher als seine Quelle steigen – es gibt keine Evolution ohne Involution. Nichts offenbart sich in der Folge, außer es war schon in der Ursache enthalten!"

Und darum kann das All nicht bloß Energie oder Kraft sein, denn, wenn es das wäre, gäbe es kein Leben und kein Bewusstsein. Wir aber wissen, dass es Leben und Bewusstsein gibt, denn wir leben und gebrauchen Bewusstsein, um diese Frage zu betrachten, so wie diejenigen, die fordern, dass Energie und Kraft alles sei.

Was gibt es denn Höheres im Universum als Materie und Energie? Leben und Bewusstsein! Diese gibt es in all den verschiedenen Graden der Entfaltung. „Dann", fragt ihr, „wollt ihr uns sagen, dass das All Leben und Bewusstsein sei?" „Ja und Nein!" ist unsere Antwort.

Wenn ihr Leben und Bewusstsein meint, wie wir armen kleinen Sterblichen es kennen, sagen wir „Nein! Dies ist nicht das All!"

„Aber welche Art von Leben und Bewusstsein meint ihr dann?" fragt ihr uns.

„Lebendes Bewusstsein, so hoch erhaben über das, was Sterbliche unter diesen Worten verstehen. Höher stehend als mechanische Kräfte oder die Materie – unendliches, lebendes Bewusstsein verglichen mit endlichem Leben und Bewusstsein."

Wir meinen das, was die erleuchteten Seelen meinen, wenn sie ehrfürchtig das Wort Allgeist aussprechen. Das All ist unendliches lebendes Bewusstsein – die Erleuchteten nennen es reiner Geist!

Das mentale Universum

Das All ist reiner Geist. Aber was ist der reine Geist?

Diese Frage lässt sich nicht beantworten, weil eine Definition des reinen Geistes praktisch einer Definition des Alls gleichkäme. Das All aber kann weder erklärt noch definiert werden. Reiner Geist ist ein Name, den die Menschen der höchsten Vorstellung vom unendlichen lebenden Bewusstsein geben – er bedeutet die „wirkliche Essenz" – bedeutet lebendes Bewusstsein, so hoch über dem uns bekannten Leben und Bewusstsein stehend wie diese über mechanischer Energie und Materie stehen.

Reiner Geist übersteigt unsere Erkenntnis. Wir gebrauchen den Ausdruck nur, um an das All zu denken und von ihm zu sprechen. Um an den reinen Geist denken zu können und ihn einigermaßen zu verstehen, sind wir berechtigt, ihn uns als unendliches, lebendes Bewusstsein zu denken, freilich muss es uns immer bewusst sein, dass wir ihn niemals voll begreifen können. Entweder muss uns dies bewusst bleiben, oder wir müssen überhaupt aufhören, darüber nachzudenken.

Gehen wir nun weiter und betrachten wir die Natur des Universums als Ganzes und in seinen Teilen. Was ist das Universum?

Wir haben gesehen, dass nichts außerhalb des Alls sein kann. Dann ist das Universum das All? Nein, dies kann nicht sein, weil das Universum aus vielem aufgebaut erscheint und in fortwährendem Wechsel begriffen ist. Aber auch noch in anderer Hinsicht entspricht es nicht der Vorstellung, die wir nach unserer Lehre vom All haben müssen.

Wenn das Universum nicht das All ist, dann muss es nichts sein – dies scheint auf den ersten Blick der einzig mögliche Schluss. Diese Antwort kann aber unsere Frage nicht befriedigend lösen, weil wir die Existenz des Universums fühlen.

Wenn aber das Universum weder das All noch nichts ist, was kann es sein? Prüfen wir diese Frage. Wenn das Universum überhaupt existiert oder zu existieren scheint, muss es irgendwie vom All ausgehen, muss es eine Schöpfung des Alls sein. Da aber nichts von Nichts kommen kann, woraus könnte das All das Universum erschaffen haben?

Mehrere Philosophen haben diese Frage beantwortet, indem sie sagten, das All habe das Universum aus sich selbst erschaffen, das heißt aus dem Wesen und der Substanz des Alls.

Dies kann aber nicht richtig sein, weil das All nicht vermindert und nicht geteilt werden kann, wie wir gesehen haben, und dann – wenn es auch so wäre, wäre nicht jedes Teilchen im Universum sich seines Allseins bewusst? Das All könnte weder sein Wissen von sich selbst verlieren, noch wirklich ein Atom oder blinde Kraft oder ein niederes lebendes Wesen werden.

Manche Menschen, die wussten, dass das All tatsächlich alles ist, dass aber auch sie, die Menschen, existieren, haben daraus kühn den Schluss gezogen, dass sie und das All identisch seien. Zur Freude der Menge und zum Kummer der Weisen erfüllten sie die Lüfte mit ihren Rufen: „Ich bin Gott". Im Vergleich zu dieser Anmaßung wäre der Anspruch des Atoms „Ich bin Mensch" noch bescheiden zu nennen. (Anmerkung: Hier zeigt sich der Einfluss der New-Thought-Bewegung auf die Autoren.)

Was aber ist dann das Universum, wenn es nicht das All ist, ja nicht einmal vom All erschaffen wurde, indem dieses sich teilte? Was sonst kann es sein – woraus sonst kann es gemacht worden sein?

Dies ist die große Frage. Prüfen wir sie sorgfältig.

Wir finden, dass uns das Gesetz der Entsprechung (siehe Seite 25–26) hier zu Hilfe kommt. Das alte hermetische Axiom „Wie oben, so unten" muss zur Lösung dieser Schwierigkeit herangezogen werden. Bemühen wir uns, einen flüchtigen Schimmer des Wirkens auf höheren Ebenen zu erhalten, indem wir unsere eigene Ebene beobachten und prüfen. Das Gesetz der Entsprechung muss sich auf dieses Problem ebenso gut wie auf andere Probleme anwenden lassen.

Schauen wir einmal genau hin! Wie schafft der Mensch auf seinen eigenen Ebenen des Daseins?

Vorerst mag er schaffen, indem er etwas aus äußeren Materialien schafft. Dies kann aber für unser Problem nicht zutreffen, weil es außerhalb des Alls keine Materialien gibt, aus welchen er es schaffen könnte.

Eine zweite Möglichkeit des Schaffens: Der Mensch erzeugt, reproduziert seine Art durch den Vorgang der Zeugung, welcher eine Vervielfältigung seines Selbst ist, indem der Mensch einen Teil seiner Substanz auf seine Nachkommenschaft überträgt. Aber auch dieser Vorgang kann beim All nicht zutreffen, weil das All weder einen Teil seines Selbst übertragen und abgeben, noch sich selbst reproduzieren oder vervielfältigen kann.

Im ersten Fall wäre es ein Wegnehmen vom All, im zweiten Fall eine Vervielfältigung des Alls oder ein Hinzufügen zum All.
All diese Gedanken sind absurd. Gibt es noch eine dritte Art, in welcher der Mensch erschafft? Ja, es gibt eine dritte Art – er schafft mental!

Wenn er mental schafft, benützt er keine äußeren Materialien und reproduziert er sich nicht, und doch durchdringt sein Geist die mentale Schöpfung. Nach dem Gesetz der Entsprechung dürfen wir mit Recht annehmen, dass das All das Universum mental erschafft, in einem ähnlichen Vorgang wie dem, in dem der Mensch mentale Bilder schafft. Und diese Ansicht der Vernunft stimmt genau mit den Ansichten der Erleuchteten überein, wie sie in deren Lehren und Schriften dargelegt werden.

So waren die Lehren der Weisen, so war die Lehre des Hermes.

Das All kann nur mental erschaffen, ohne Materie zu gebrauchen (und es gibt ja auch in Wahrheit keine, die gebraucht werden könnte) oder sich selbst zu reproduzieren (was auch unmöglich ist). Dieser vernünftigen Folgerung können wir nicht entgehen, sie stimmt ja auch – wie wir schon sagten – mit den höchsten Lehren der Erleuchteten überein.

Gerade so wie ein Schüler sein eigenes Universum in seiner eigenen Mentalität erschaffen kann, erschafft das All Universen in seiner eigenen Mentalität.

Das Universum des Schülers aber ist die mentale Schöpfung eines endlichen Bewusstseins, während das Universum des Alls die Schöpfung eines unendlichen Bewusstseins ist. Die beiden sind ähnlich in der Art, aber unendlich verschieden im Grad.

Fortschreitend werden wir den Vorgang der Schöpfung und Manifestation genauer studieren. Das aber müsst ihr schon jetzt festhalten: Das Universum und alles, was es enthält, ist eine mentale Schöpfung des Alls.

Wahrlich – alles ist Bewusstsein!

*„Das All schafft in seinem unendlichen Bewusstsein
zahllose Universen, die durch Äonen bestehen –
und doch, für das All ist Erschaffung, Entfaltung,
Verfall und Tod von Millionen Universen
nicht länger als ein Augenblick."*

Das Kybalion

*„Das unendliche Bewusstsein des Alls
ist der Schoß der Universen."*

Das Kybalion

Das Gesetz des Geschlechts (siehe Seite 33–34) ist auf allen Lebensebenen manifestiert, auf der materiellen, mentalen und spirituellen. Aber, wie wir schon früher bemerkten, Geschlecht bedeutet nicht Sexualität – Sexualität ist nur eine materielle Manifestation vom Gesetz des Geschlechts.

Geschlecht bedeutet „bezüglich Erzeugung oder Schöpfung". Und wo immer etwas erzeugt oder erschaffen wird, muss auf allen Ebenen das Gesetz des Geschlechts wirken. Und dies trifft sogar bei der Erschaffung von Universen zu.

Nun darf man aber nicht glauben, wir wollten lehren, es gäbe einen männlichen und einen weiblichen Gott oder Schöpfer. Dies wäre nur eine Verdrehung der alten Lehren. Die wahre Lehre ist, dass das All, in sich selbst und über dem Geschlecht steht, wie es auch über jedes andere Gesetz, die Gesetze von Raum und Zeit inbegriffen, erhaben ist.

Das All ist das Gesetz, aus dem die Gesetze hervorgehen; es ist ihm nicht unterworfen. Wenn sich aber das All auf der Ebene der Zeugung oder Schöpfung offenbart, dann handelt es in Übereinstimmung mit Gesetz und Gesetz, weil es sich auf einer niederen Daseinsebene bewegt. Und folglich manifestiert es das Gesetz des Geschlechts in seinen männlichen und weiblichen Aspekten, natürlich auf der mentalen Ebene.

Diese Vorstellung mag manche Schüler, die zum ersten Mal von ihr hören, überraschen, aber alle haben sie tatsächlich in ihrer täglichen Auffassung angenommen.

Man spricht von der Vaterschaft Gottes, von der Mutterschaft der Natur, von Gott, dem göttlichen Vater, und von der Natur, der universalen Mutter – und hat so instinktiv das Gesetz des Geschlechts im Universum anerkannt.

Die hermetischen Lehren sprechen aber nicht von einer wirklichen Zweiheit. Das All ist eins, die beiden Geschlechter sind nur Manifestationsaspekte. Die Lehre ist, dass das vom All manifestierte männliche Gesetz von der wirklichen mentalen Erschaffung des Universums gewissermaßen abseits steht.

Es projiziert seinen Willen auf das weibliche Gesetz (welches man Natur nennen kann), worauf das Letztere die eigentliche Evolution des Universums beginnt, von einfachen Aktivitätszentren an bis zum Menschen und dann weiter und höher, alles nach wohl gegründeten und streng durchgesetzten Naturgesetzen.

Wenn man die alten Gedankenbilder vorzieht, kann man sich das männliche Gesetz als Gottvater denken, das weibliche als die Natur, die universale Mutter, aus deren Schoß alle Dinge geboren wurden. Das ist mehr als eine bloße poetische Redewendung, es ist eine Idee vom wirklichen Vorgang der Schöpfung des Universums. Man darf aber nie vergessen, dass das All Eins ist, und dass in seinem unendlichen Bewusstsein das Universum erzeugt und erschaffen wird und existiert.

Um eine klarere Vorstellung zu gewinnen, mag es gut sein, das Gesetz der Entsprechung auf sich selbst und auf sein eigenes Bewusstsein anzuwenden. Ihr wisst, dass jener Teil eures Selbst, welches man „Ich" nennt, abseits steht und der Schöpfung mentaler Bilder in eurem eigenen Innern zusieht.

Der Teil eures Selbst, in welchem die mentale Schöpfung stattfindet, kann das „Mich" genannt werden zum Unterschied vom „Ich", welches abseits steht und die Gedanken, Ideen und Bilder des „Mich" sieht und prüft. „Wie oben, so unten!" – erinnert euch dieses Satzes, und das Phänomen der einen Ebene mag dazu dienen, die Rätsel höherer oder niederer Ebenen zu lösen.

Ist es ein Wunder, dass der Mensch, das Kind, instinktive Ehrfurcht vor dem All fühlt (wir nennen dieses Gefühl „Religion"), eine Achtung und Ehrfurcht vor dem Vater-Bewusstsein? Ist es ein Wunder, dass der Mensch, wenn er die Werke und Wunder der Natur betrachtet, von einem mächtigen Gefühl übermannt wird, welches in seinem innersten Wesen wurzelt? Es ist das Mutter-Bewusstsein, das er umarmt wie ein Kind die Brust der Mutter.

Man darf aber nicht in den Fehler verfallen, zu glauben, dass diese kleine Welt um uns – die Erde, die nur ein Stäubchen im Universum ist – das Universum selbst darstelle. Es gibt Millionen und Millionen solcher und größerer Welten. Und es gibt Millionen und Millionen solcher Universen im unendlichen Bewusstsein des Alls.

Sogar in unserem eigenen kleinen Sonnensystem gibt es Regionen und Daseinsebenen, die viel höher sind als unsere, und Wesen, im Vergleich zu denen wir erdgebundenen Sterblichen das sind, was die schleimigen Lebensformen des Meeresgrundes im Vergleich zu den Menschen sind.

Es gibt Wesen, deren Mächte und Eigenschaften höher stehen, als sie der Mensch von Göttern erträumte. Und doch waren diese Wesen einst wie wir, und noch tiefer stehend, und ihr werdet ihnen einmal gleich sein und noch höher, denn dies ist die Bestimmung des Menschen, wie sie von den Erleuchteten gelehrt wird.

Und der Tod ist nichts Reales, nicht einmal im relativen Sinn – er ist nur eine Geburt zu einem neuen Leben. Ihr werdet weitergehen und weiter und weiter zu höheren und immer noch höheren Daseinsebenen, durch Äonen und Äonen.

Das Universum ist eure Heimat, und ihr werdet seine fernsten Verborgenheiten vor dem Ende der Zeit erforschen. Ihr wohnt im unendlichen Bewusstsein des Alls, eure Möglichkeiten in Raum und Zeit sind unendlich. Und am Ende des großen Zyklus der Äonen, wenn das All seine Schöpfungen in sich selbst zurückzieht, da werdet ihr freudig gehen, denn dann werdet ihr verstehen können, was es heißt, eins mit dem All zu sein.

So lautet der Bericht der Erleuchteten, welche auf dem Pfade weit vorangeschritten sind.

Bis dahin aber bleibt ruhig und heiter. Ihr seid sicher und beschützt von der unendlichen Macht des Vater-Mutter-Bewusstseins.

> *„Im Vater-Mutter-Bewusstsein*
> *sind sterbliche Kinder daheim."*
>
> Das Kybalion

> *„Es gibt niemanden im Universum,*
> *der vaterlos oder mutterlos wäre."*
>
> Das Kybalion

6 Das göttliche Paradoxon

„Wenn Halbweise die verhältnismäßige
Unwirklichkeit des Universums sehen,
bilden sie sich ein, den Gesetzen des Universums
trotzen zu können – das sind aber eitle,
anmaßende Narren, die an den Felsen zerschellen
und von den Elementen
wegen ihrer Narrheit zerrissen werden.
Der wahrhaft Weise, der die Natur des Universums
kennt, gebraucht das Gesetz gegen die Gesetze,
das Höhere gegen das Niedere;
durch die Kunst der Alchemie verwandelt er das
Unerwünschte in das Wertvolle und triumphiert so.
Meisterschaft besteht nicht in abnormalen Träumen,
Visionen, phantastischen Einbildungen
oder abnormaler Lebensweise, sondern darin,
dass man den Mühsalen der niederen Ebenen
durch höhere Schwingungen ausweicht.
Transmutation, nicht anmaßende Verneinung
ist die Waffe des Meisters."

Das Kybalion

Das ist das Paradox des Universums, das aus dem Gesetz der Polarität resultiert, welches sich manifestiert, sobald das All zu schaffen beginnt. Hört gut darauf, denn es bezeichnet den Unterschied zwischen Halbweisheit und Weisheit.

Während für das unendliche All das Universum, seine Gesetze, seine Mächte, sein Leben, seine Phänomene gleich sind den Dingen, die uns im Zustand der Meditation und des Traumes erscheinen, muss doch für alles Endliche das Universum als wirklich betrachtet werden. Leben und Handlungen und Gedanken müssen darauf basieren und damit übereinstimmen. Freilich muss man immer an die höhere Wahrheit denken.

Alles muss mit seiner eigenen Ebene und deren Gesetzen übereinstimmen. Wäre das Universum für das All tatsächliche Wirklichkeit, wehe dem Universum, weil es darin keine Möglichkeit einer Entwicklung vom Niederen zum Höheren, aufwärts zu Gott gäbe, weil darin das Universum etwas Festes und jeder Fortschritt unmöglich würde.

Und wenn der Mensch aufgrund von Halbweisheit handelt und lebt und denkt, als wäre das Universum nur ein Traum (ähnlich seinen eigenen endlichen Träumen), dann wird das Universum für ihn tatsächlich nur ein Traum. Einem Schlafwandler gleich geht er im Kreise, macht keinen Fortschritt und wird schließlich aufgeweckt, wenn er über die Naturgesetze stolpert, die er ignoriert hat. Lasst euren Geist bei den Sternen weilen, eure Augen aber sollen auf eure Schritte achten, sonst fallt ihr beim Aufwärtsstarren in den Schmutz!

Erinnert euch des göttlichen Paradoxons, dass das Universum gleichzeitig nicht ist und doch ist. Erinnert euch der beiden Pole der Wahrheit – des Absoluten und des Relativen. Hütet euch vor Halbwahrheiten.

Was die Hermetiker als das „Gesetz vom Paradoxon" kennen, ist ein Aspekt des Gesetzes der Polarität. Die hermetischen Schriften sind voll von Hinweisen auf das Erscheinen des Paradoxons bei der Betrachtung der Probleme des Lebens und Seins. Immer wieder warnen die Lehrer ihre Schüler vor dem Irrtum, die „andere Seite" einer Frage außer Acht zu lassen.

Ihre Warnungen richten sich besonders auf die Probleme vom Absoluten und Relativen, die alle Schüler der Philosophie verblüffen. Sie sind die Ursache dafür, dass viele dem, was man „gesunden Menschenverstand" nennt, zuwiderhandeln.

Wir legen allen Schülern ans Herz, das göttliche Paradoxon vom Absoluten und Relativen zu erfassen, damit sie sich nicht in Halbwahrheiten verstricken. In dieser Absicht wurde unsere Lektion geschrieben. Lest sie sorgfältig. Wenn der denkende Mensch die Wahrheit erkennt, dass das Universum eine mentale Schöpfung des Alls ist, ist sein erster Gedanke, das Universum und alles, was es enthält, sei eine bloße Illusion, eine Unwirklichkeit. Gegen diese Idee aber empören sich seine Instinkte. Dieses Problem muss aber wie alle anderen großen Wahrheiten sowohl vom absoluten als auch vom relativen Gesichtspunkt aus betrachtet werden.

Vom absoluten Gesichtspunkt ist das Universum natürlich eine Illusion, ein Traum, ein Blendwerk, verglichen mit dem All in sich selbst. Wir erkennen dies sogar in unseren gewöhnlichen Ansichten an, wir sprechen von der Welt als von einem „flüchtigen Schein", der kommt und geht, geboren wird und stirbt.

Das Element der Unbeständigkeit und des Wechsels, der Endlichkeit und Unwesentlichkeit, muss immer mit der Vorstellung eines erschaffenen Universums verbunden werden, wenn dieses der Vorstellung des Alls entgegengesetzt wird, gleichgültig, was wir von der Natur des Alls und des Universums denken. Philosophen, Metaphysiker, Wissenschaftler und Theologen, sie alle stimmen darin überein, und in der Tat ist dieser Gedanke in allen Formen philosophischer Gedanken und religiöser Auffassung, in allen Theorien metaphysischer und theologischer Schulen zu finden.

Und die hermetischen Lehren predigen die Nichtwesentlichkeit des Universums in nicht strengeren Ausdrücken, als sie uns schon vertraut sind, obwohl uns ihre Darstellung des Gegenstandes einigermaßen stutzig machen könnte: Etwas, das einen Anfang und ein Ende hat, muss – in gewissem Sinn – unwirklich und unwahr sein. Und das Universum fällt in allen Gedankenschulen unter diese Regel.

Vom absoluten Gesichtspunkt gibt es außer dem All nichts Wirkliches, ganz gleich, welche Ausdrücke wir beim Denken oder Sprechen von diesem Gegenstand anwenden. Ob nun das Universum aus Materie erschaffen wurde oder ob es eine mentale Schöpfung im Bewusstsein des Alls ist – es ist nicht wesentlich, nicht andauernd, ein Ding von Zeit, Raum und Wechsel.

Wir wollen, dass ihr diese Tatsache gründlich versteht, bevor ihr die hermetische Auffassung von der mentalen Natur des Universums beurteilt. Überdenkt alle anderen Auffassungen und seht, ob diese wahr ist.

Der absolute Gesichtspunkt zeigt uns die eine Seite des Bildes – die andere Seite ist die Relation. Absolute Wahrheit wurde definiert als „Dinge, wie sie der Geist Gottes erkennt", relative Wahrheit dagegen als „Dinge, wie sie die höchste Vernunft des Menschen erkennt".

Während also das Universum für das All unwirklich und illusorisch sein muss, ein bloßer Traum, ein Ergebnis der Meditation, muss es für ein endliches Bewusstsein, das einen Teil dieses Universums bildet und es mittels sterblicher Fähigkeiten sieht, wahrhaft wirklich sein und so betrachtet werden.

Wenn wir den absoluten Gesichtspunkt anerkennen, dürfen wir nicht in den Fehler verfallen, die Tatsachen und Erscheinungen des Universums, wie sie sich unseren sterblichen Fähigkeiten zeigen, zu ignorieren und zu verneinen – wir dürfen nie vergessen, dass wir nicht das ganze All sind!

Um es mit wohlbekannten Beispielen zu illustrieren: Wir alle erkennen die Tatsache an, dass für unsere Sinne Materie existiert. Es ginge uns nicht gut, wollten wir das nicht anerkennen. Und doch, sogar unser endlicher Geist begreift den Satz, dass es vom wissenschaftlichen Standpunkt aus keine Materie gibt. Wir begreifen, dass das, was wir Materie nennen, nur als eine Anhäufung von Atomen angesehen werden muss, dass diese Atome selbst nur Gruppierungen von Krafteinheiten, Elektronen oder Ionen sind, die sich in Schwingung und ständiger kreisender Bewegung befinden.

Wir stoßen an einen Stein und fühlen den Stoß, er erscheint uns wirklich, obwohl wir wissen, dass er nur das ist, was wir oben festgestellt haben. Wir dürfen eben nicht vergessen, dass unser Fuß, der mittels unseres Gehirns den Stoß fühlt, genau solche Materie ist, aus Elektronen besteht, desgleichen unser Gehirn. Und würden wir dies nicht durch unser Bewusstsein erfassen, würden wir Fuß und Stein überhaupt nicht erkennen.

Das Ideal des Malers oder des Bildhauers, das er auf der Leinwand oder in Stein nachzubilden bestrebt ist, erscheint ihm wirklich. Völlig wirklich erscheinen auch die Charaktere im Bewusstsein des Autors oder Dramatikers, welcher sie so darzustellen sucht, dass andere sie wiedererkennen. Und wenn dies bei unserem endlichen Bewusstsein der Fall ist, wie hoch muss der Grad der Wirklichkeit bei den mentalen Bildern sein, die im Bewusstsein des Unendlichen erschaffen werden?

Oh Freunde – für Sterbliche ist dieses mentale Universum tatsächlich wirklich, es ist das einzige, das wir je erkennen, wenn wir uns auch in ihm von Ebene zu Ebene höher und höher erheben.

Um es durch eigene Erfahrung anders zu erkennen, müssten wir das All selbst sein. Je höher wir auf der Leiter steigen, je mehr wir uns dem „Bewusstsein des Vaters" nähern, desto augenscheinlicher wird die illusorische Natur der endlichen Dinge. Aber erst, wenn uns das

All schließlich in sich selbst zurückzieht, wird diese Vision ganz verschwinden.

Wir brauchen also nicht bei den illusorischen Zügen des Universums zu verweilen. Lasst uns vielmehr versuchen, die wirkliche Natur des Universums zu erkennen, seine mentalen Gesetze zu verstehen, und uns bemühen, sie auf unserer Reise von Daseinsebene zu Daseinsebene so anzuwenden, dass sie die beste Wirkung auf unseren Fortschritt im Leben ausüben.

Die Gesetze des Universums sind trotz ihrer mentalen Natur „eiserne Gesetze". Alles – ausgenommen nur das All – ist durch sie gebunden. Was im unendlichen Bewusstsein des Alls ist, ist zu einem bestimmten Grad auch wirklich. Und nur die Natur des Alls sieht die Wirklichkeit so, wie sie tatsächlich ist.

Fühlt euch daher nicht verunsichert. Wir alle sind festgehalten im unendlichen Bewusstsein des Alls, und es gibt nichts, das uns schaden könnte, nichts, das wir zu fürchten hätten. Es gibt keine Macht außerhalb des Alls, die auf uns einwirken könnte. Wir können ruhig und sicher sein. Es liegt eine Welt von Trost und Sicherheit in dieser Erkenntnis, wenn wir sie einmal erlangt haben. Dann „schlafen wir ruhig und friedlich, gewiegt in der Wiege der Tiefe" ruhen wir sicher am Busen des Ozeans des unendlichen Bewusstseins, welches das All ist.

Wahrlich, im All „leben wir und bewegen wir uns und sind wir". Solange wir auf der materiellen Ebene leben, ist Materie doch nicht weniger Materie für uns, wenn wir auch wissen, dass sie nur eine Anhäufung von „Elektronen" oder Kraftteilchen ist, die in rascher Schwingung in den Formationen der Atome umeinander kreisen. Die Atome drehen sich schwingend und kreisend und bilden Moleküle, die wieder größere Massen von Materie bilden.

Doch Materie wird auch dann nicht weniger Materie, wenn wir in der Untersuchung noch weiter gehen und aus den hermetischen Lehren lernen, dass die „Kraft", von der die Elektronen Einheiten sind, nur eine Manifestation vom Bewusstsein des Alls ist und gleich allem im Universum in ihrer Natur rein mental ist.

Solange wir auf der materiellen Eben sind, müssen wir die Phänomene der Materie anerkennen – wir mögen die Materie beherrschen (wie dies alle Meister in höherem oder geringerem Grad tun), wir müssen sie aber durch die Anwendung höherer Kräfte beherrschen.

Wir begehen eine Torheit, wenn wir versuchen, die Existenz der Materie im relativen Aspekt zu verneinen. Wir dürfen mit Recht ihre Herrschaft über uns verneinen, aber wir sollen nicht versuchen, sie in ihrem relativen Aspekt zu verneinen, so lange wenigstens nicht, wie wir auf ihrer Ebene leben.

Auch die Gesetze der Natur werden nicht weniger beständig oder wirksam, wenn wir sie – gleicherweise – als nur mentale Schöpfungen erkennen. Sie sind auf den verschiedenen Ebenen in voller Wirksamkeit.

Wir überwältigen die niederen Gesetze einzig und allein, indem wir höhere Gesetze anwenden. Aber wir können dem Gesetz nicht entgehen oder uns gänzlich über das Gesetz erheben. Nichts als das All kann dem Gesetz entgehen – und das deshalb, weil das All das Gesetz selbst ist, von dem alle Gesetze ausgehen.

Die am weitesten fortgeschrittenen Meister mögen eine Macht erlangen, wie sie von den Menschen gewöhnlich den Göttern zugeschrieben wird. In der großen Hierarchie des Lebens gibt es zahllose Reihen von Wesen, deren Wesen und Macht die der höchsten Meister unter den Menschen bis zu einem Grad übersteigt, der für Sterbliche unausdenkbar ist. Aber auch die höchsten Meister und die höchsten Wesen müssen sich dem Gesetz beugen und für das Auge des Alls wie ein Nichts sein.

Wenn also sogar diese höchsten Wesen, deren Macht selbst die Macht überragt, welche die Menschen ihren Göttern zuschreiben, wenn sogar diese durch das Gesetz gebunden und dem Gesetz unterworfen sind, dann kann man sich die Anmaßung des sterblichen Menschen unserer Rasse und unseres Entwicklungsgrades vorstellen, der es wagt, die Naturgesetze als „unwirklich", eingebildet und illusorisch zu betrachten, weil er zufällig fähig ist, die Wahrheit zu erfassen, dass die Gesetze in ihrer Natur mental und einfach mentale Schöpfungen des Alls sind.

Diesen Gesetzen, welche nach der Absicht des Alls herrschende Gesetze sind, darf man nicht trotzen, man kann sie nicht wegdisputieren. Solange das Universum besteht, werden die Gesetze andauern, denn das Universum existiert kraft dieser Gesetze, welche sein Gerüst bilden und es zusammenhalten.

Das hermetische Gesetz der Mentalität ändert nicht die wissenschaftliche Vorstellung vom Universum, vom Leben, von der Evolution, wenn es auch die wahre Natur des Universums als mental erklärt. Die Wissenschaft bestätigt tatsächlich nur die hermetischen Lehren, dass die Natur des Universums mental ist, während die moderne Wissenschaft doch lehrte, es sei materiell, oder (seit neuestem), das Universum sei letzten Endes Energie.

Die hermetischen Lehren haben an Herbert Spencers Grundgesetz nichts auszusetzen, welches eine „unendliche und ewige Energie, von der alle Dinge ausgehen", voraussetzt. Die Hermetiker erkennen in Spencers Philosophie tatsächlich die höchste Darlegung der Wirkungen der Naturgesetze, die von einem Außenstehenden jemals geboten wurde. Ja, sie halten Spencer für die Reinkarnation eines alten Philosophen, der vor Tausenden von Jahren im alten Ägypten lebte und sich später als den griechischen Philosophen Heraklit (um 500 v. Chr.) inkarnierte.

Sie betrachten seine Darlegung von der „unendlichen und ewigen Energie" als übereinstimmend mit der Richtung der hermetischen

Lehren, immer mit der Hinzufügung ihrer eigenen Lehre, dass seine Energie die Energie vom Bewusstsein des Alls ist. Mit dem Meisterschlüssel der hermetischen Philosophie werden Spencers Schüler fähig sein, viele Tore der inneren philosophischen Darlegungen des großen englischen Philosophen zu öffnen.

Spencers Werk zeigt das Ergebnis, das die Vorbereitung seiner früheren Inkarnationen zeitigte. Seine Lehren betreffend Evolution und Rhythmus sind in beinahe vollkommener Übereinstimmung mit den hermetischen Lehren vom Gesetz des Rhythmus.

Der Schüler der Hermetiker braucht also keine seiner ihm lieb gewordenen wissenschaftlichen Ansichten über das Universum abzulegen. Alles, was von ihm verlangt wird ist, dass er das zugrunde liegende Gesetz erfasst: „Das All ist Bewusstsein; das Universum ist mental – gehalten im Bewusstsein des Alls." Er wird finden, dass die anderen sechs der sieben Gesetze zu seinen wissenschaftlichen Erkenntnissen passen und dazu dienen, unklare Punkte zu klären und dunkle Winkel zu erhellen.

Dies ist nicht verwunderlich, wenn wir uns den Einfluss vergegenwärtigen, den der hermetische Gedanke auf die früheren griechischen Philosophen ausgeübt hat. Auf den gedanklichen Grundlagen dieser Philosophen ruhen größtenteils die Theorien der modernen Wissenschaft.

Die Annahme des ersten hermetischen Gesetzes (Mentalität) ist der einzige große strittige Punkt zwischen moderner Wissenschaft und hermetischen Schülern. Indem aber die moderne Wissenschaft einen Weg aus dem Labyrinth sucht, in welchem sie sich auf der Suche nach Wirklichkeit verirrt hat, nähert sie sich allmählich der hermetischen Lehre.

Zweck dieser Lektion ist es, dem Bewusstsein unserer Schüler die Tatsache einzuprägen, dass für alle Vorhaben und für jeden Zweck das

Universum, seine Gesetze und seine Phänomene, soweit sie den Menschen betreffen, ebenso wirklich sind, wie sie es nach den Hypothesen des Materialismus und Energetismus wären.

Unter allen Hypothesen ist das Universum in seinem äußeren Aspekt wechselnd, immer fließend, flüchtig – es entbehrt daher der Wesentlichkeit und Wirklichkeit. Aber (beachtet den anderen Pol der Wahrheit) alle Hypothesen zwingen uns, so zu handeln und zu leben, als ob die richtigen Dinge wirklich und wesentlich wären. Immer mit dem Unterschied zwischen den verschiedenen Hypothesen – dass nach den alten Anschauungen mentale Macht als eine Naturkraft ignoriert wurde, während sie unter dem Mentalismus die größte Naturkraft wird. Und dieser eine Unterschied gestaltet das Leben um für jene, die das Gesetz und die daraus folgenden Gesetze und Anwendungen verstehen.

Daher, liebe Schüler, erfasst den Vorteil der Mentalität und lernt die resultierenden Gesetze kennen, gebrauchen und anwenden. Unterliegt aber nicht der Versuchung, die – wie das *Kybalion* feststellt – den Halbweisen überkommt, wenn ihn die scheinbare Unwirklichkeit der Dinge derart hypnotisiert, dass er Träumern gleich durch eine Traumwelt geht und das praktische Wirken und Leben des Menschen übersieht und das Ende von allem: „Er zerschellt an den Felsen, wird von den Elementen zerrissen infolge seiner Torheit."

Folgt vielmehr dem Beispiel der Weisen, welche „das Gesetz gegen die Gesetze anwenden, das Höhere gegen das Niedere und durch die Kunst der Alchemie Unerwünschtes in Wertvolles umwandeln und so triumphieren." Folgen wir der Autorität, vermeiden wir die Halbweisheit (die töricht ist), welche die Wahrheit ignoriert: „Meisterschaft besteht nicht in abnormalen Träumen, Visionen, phantastischen Vorstellungen und Lebensführung, sondern darin, dass man höhere Kräfte gegen niedere anwendet, dass man durch Schwingungen höherer Ebenen die Mühsale der niederen Ebenen vermeidet".

Ihr Schüler, denkt immer daran: „Transmutation, nicht anmaßende Verneinung, ist die Waffe der Meister." Diese zitierten Aussprüche aus dem *Kybalion* sind es wert, im Gedächtnis der Schüler aufbewahrt zu werden.

Wir leben nicht in einer Traumwelt, sondern in einem Universum, das, obwohl es sich relativ auf unser Leben und unsere Handlungen bezogen verhält, doch wirklich ist. Unsere Aufgabe im Universum ist nicht, seine Existenz zu verneinen, sondern zu leben, die Gesetze anzuwenden, uns vom Niederen zum Höheren zu erheben – weiterzuleben, in dem wir das Beste tun, das wir unter den sich täglich ergebenden Umständen tun können, und soweit als möglich unseren höchsten Ideen und Idealen zu folgen.

Der wahre Sinn des Lebens ist den Menschen auf dieser Ebene nicht bekannt – aber die höchsten Autoritäten und unsere eigene Intuition lehren uns, dass wir das Ziel nicht verfehlen können, wenn wir soweit wie möglich nach dem Besten, das in uns ist, leben und wenn wir erkennen, dass die universale Tendenz nach derselben Richtung neigt, trotz des scheinbaren Gegenteils.

Wir sind alle auf dem Pfad – und der Weg führt mit häufigen Ruhepausen stets aufwärts.

Lest die Botschaft aus dem *Kybalion* – und folgt dem Beispiel des „Weisen". Vermeidet den Irrtum des „Halbweisen", der durch seine Torheit zugrunde geht.

„Das All in allem"

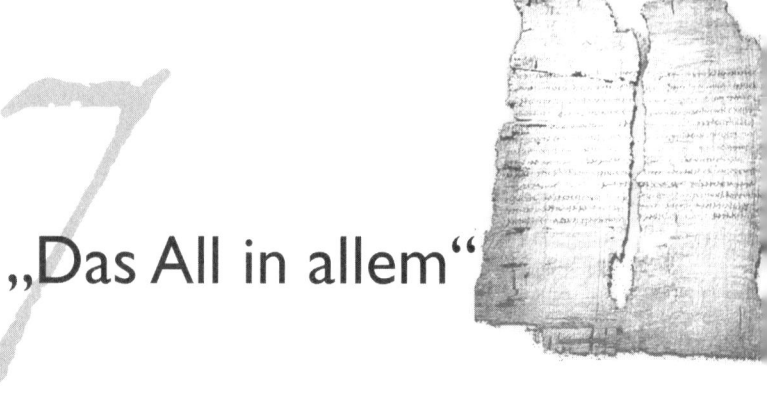

> „Da alles im All ist, ist es gleicherweise wahr,
> dass das All in allem ist.
> Dem, der diese Wahrheit wirklich versteht,
> ist große Weisheit zuteil geworden."
>
> Das Kybalion

Wie oft haben die meisten von uns schon die Feststellung gehört, ihre Gottheit (bei vielen Namen genannt) sei „alles in allem" – und wie wenig ahnten sie die innere geheime Wahrheit in diesen nachlässig ausgesprochenen Worten!

Diese häufig gebrauchte Redensart ist ein Überbleibsel des oben angeführten alten hermetischen Lehrsatzes. Das *Kybalion* sagt: „Dem, der diese Wahrheit wirklich versteht, ist große Weisheit zuteil geworden." Lasst uns also die Wahrheit suchen, deren Verstehen so viel bedeutet.

In dieser Darlegung der Wahrheit, in diesem hermetischen Grundsatz, ist eine der größten philosophischen, wissenschaftlichen und religiösen Wahrheiten verborgen. Wir haben auch die hermetischen Lehren über die mentale Natur des Universums mitgeteilt, die Wahrheit, dass „das Universum mental ist, gehalten im Bewusstsein des Alls". In der oben angeführten Schriftstelle sagt das *Kybalion*: „Alles ist im All."

Achtet aber auch auf die beigefügte Bemerkung: „Es ist gleicherweise wahr, dass das All in allem ist." Dieser scheinbare Widerspruch kann durch das Gesetz vom Paradoxon aufgelöst werden. Es ist überdies eine exakte hermetische Darlegung der Beziehungen, die zwischen dem All und seinem mentalen Universum bestehen.

Wir haben gesehen, dass „alles im All ist". Untersuchen wir nun den anderen Aspekt des Gegenstandes.

Nach den hermetischen Lehren ist das All immanent in seinem Universum und in jedem Teil, Partikel, in jeder Einheit und Verbindung im Universum. Diese Tatsache wird von den Lehrern gewöhnlich durch Bezugnahme auf das Gesetz der Entsprechung erläutert. Die Lehrer weisen den Schüler an, das mentale Bild von irgendetwas zu fordern, zum Beispiel von einer Person, einer Idee, kurz von irgendetwas, das eine mentale Form besitzt.

Das bevorzugte Beispiel ist ein Dichter oder Dramatiker, der die Idee seiner Charaktere bildet oder ein Maler oder Bildhauer, der das Bild eines Ideals formt, das er durch seine Kunst auszudrücken versucht. In jedem Fall wird der Schüler finden, dass, solange das Bild seine Existenz und sein Wesen bloß im eigenen Bewusstsein des Denkers hat, er, der Schüler, Dichter, Dramatiker, Maler oder Bildhauer in gewissem Sinn immanent (= auf Dauer in etwas bleibend) im mentalen Bilde ist.

In anderen Worten, die ganze Kraft, das Leben, der Geist, die Wirklichkeit des Bildes stammt von dem „immanenten Bewusstsein" des Denkers. Betrachtet dies einen Moment, bis die Idee erfasst ist.

Um ein moderneres Beispiel zu nennen, lasst uns sagen, dass Othello, Jago, Hamlet, König Lear, Richard III zur Zeit ihrer Erschaffung nur im Bewusstsein Shakespeares existierten. Und doch, auch Shakespeare existierte in jedem dieser Charaktere, er gab ihnen ihre Lebenskraft, ihren Geist und ihre Handlung. Wessen ist der „Geist" jener Figuren, die wir als Micawber, Oliver Twist, Uriah Heep kennen – ist es Dickens'

Geist, oder hat jeder dieser Charaktere einen persönlichen Geist, unabhängig von seinem Schöpfer?

Haben die Venus von Milo, die Sixtinische Madonna, der Apollo von Belvedere ihren eigenen Geist und ihre eigene Wirklichkeit, oder stellen sie die geistigen und mentalen Kräfte ihrer Schöpfer dar?

Das Gesetz vom Paradoxon erklärt, dass beide Annahmen richtig sind, vom eigenen Gesichtspunkt aus betrachtet. Micawber ist sowohl Micawber als auch Dickens. Aber, obwohl man von Micawber sagen kann, er sei Dickens, darf man Dickens doch nicht mit Micawber identifizieren. Der Mensch darf – gleich Micawber – ausrufen: „Der Geist meines Schöpfers wohnt in mir, aber doch bin ich nicht völlig Er." (Anmerkung: siehe Gedankengut des *New Thought*).

Wie verschieden ist das von der empörenden Halbweisheit, die von gewissen Halbweisen schreiend angekündigt wird, welche die Luft erfüllen mit ihren rauen Rufen: „Ich bin Gott!" Stellt euch vor, wie es wäre, wenn der arme Micawber oder der doppelzüngige Uriah Heep ausriefen: „Ich bin Dickens", oder wenn ein Tölpel aus einem Shakespeare-Drama großsprecherisch verkündete: „Ich bin Shakespeare."

Das All ist im Regenwurm, und doch ist der Regenwurm weit davon entfernt, das All zu sein. Und stets bleibt es ein Wunder, dass, obwohl der Regenwurm nur als ein niederes Ding existiert, sein Wesen im Bewusstsein des Alls hat. Doch das All ist im Regenwurm immanent und in den Partikeln, die den Regenwurm aufbauen. Kann es ein größeres Wunder geben als dieses „Alles im All und das All in allem"?

Der Schüler muss sich selbstverständlich vergegenwärtigen, dass die oben gegebenen Illustrationen notwendigerweise unvollkommen und unzulänglich sind, da sie die Erschaffung mentaler Bilder im endlichen Bewusstsein darstellen, während das Universum eine Schöpfung des unendlichen Bewusstseins ist und die Differenz zwischen den beiden Polen sie trennt. Und doch liegt der Unterschied nur im Grad – dasselbe Gesetz ist wirksam: Das Gesetz der Entsprechung äußert sich überall „wie oben, so unten, wie unten, so oben."

Und im selben Maß wie der Mensch die Existenz des seinem Wesen immanenten Geistes erkennt, steigt er auf der geistigen Lebensleiter höher. Dies ist die Bedeutung „geistiger Entwicklung" – die Erkenntnis, die Vorstellung, die Offenbarung des einen reinen Geistes in uns. Bemüht euch, diese Definition von der geistigen Entwicklung wohl zu behalten. Sie enthält die Wahrheit wahrer Religion.

Es gibt viele Daseinsebenen – viele Unterebenen des Lebens – viele Existenzgrade im Universum. Und alle hängen vom Fortschritt der Wesen auf der Stufenleiter ab. Der niederste Punkt dieser Leiter ist die gröbste Materie, der höchste Punkt ist vom reinen Geist des Alls nur durch einen kaum merklichen Unterschied getrennt. Und aufwärts und vorwärts entlang dieser Lebensleiter ist alles in Bewegung. Alles ist auf dem Weg, dessen Ende das All ist. Jeder Fortschritt ist ein Heimkehren. Alles ist ein Aufwärts und Vorwärts, trotz allem widersprechenden Anschein. So lautet die Botschaft der Erleuchteten.

Die hermetischen Lehren, die mentale Erschaffung des Universums betreffend, sind wie folgt: Am Beginn des Schöpfungszyklus projiziert das All, in seinem Aspekt des „Seins" seinen Willen, auf seinen Aspekt des „Werdens". So beginnt der Schöpfungsvorgang.

Es wird gelehrt, dass er darin besteht, dass die Schwingung herabgesetzt wird, bis ein sehr niederer Grad schwingender Energie erreicht ist, an welchem Punkt die gröbstmögliche Form der Materie sich offenbart. Dieser Vorgang wird das Stadium der „Involution" genannt, in welchem das All in seine Schöpfung „eingehüllt" oder „eingewickelt" wird. Die Hermetiker glauben, dass die Involution dem kreativen Vorgang in einem Künstler, Schriftsteller oder Erfinder entspricht, der von seiner Schöpfung so „eingehüllt" wird, dass er beinahe seine eigene Existenz vergisst und für eine Zeit fast „in seiner Schöpfung lebt".

Dieses Involutionsstadium der Erschaffung wird manchmal „Ausströmen der göttlichen Energie" genannt, während das Evolutionsstadium als „Einziehen" bezeichnet wird. Der extreme Pol des Schöpfungsvorgangs wird als der vom All am weitesten entfernte angesehen. Während der Anfang des Evolutionsstadiums als der Beginn des Rückschwungs des rhythmischen Pendels betrachtet wird, eine „Heimkehr" – eine Vorstellung, die in allen hermetischen Lehren enthalten ist.

Es wird gelehrt, dass während des „Ausströmens" die Schwingungen langsamer und langsamer werden, bis endlich der Hinschwung aufhört und der Rückschwung beginnt. Doch während beim „Ausströmen" die schöpferischen Kräfte kompakt als Ganzes offenbar werden, offenbart sich vom Beginn des „Evolutions-" oder „Einziehungs"-Stadiums an das Gesetz der Individualisation. Das bezeichnet die Neigung, sich in verschiedene Krafteinheiten zu trennen, so dass endlich all jenes, was das All als unindividualisierte Energie verließ, zu seinem Ursprung in zahllose, hoch entwickelte Lebenseinheiten zurückkehrt, die sich durch physische, mentale und spirituelle Evolution auf der Stufenleiter höher und höher erhoben haben.

Die alten Hermetiker gebrauchen das Wort „Meditation", wenn sie den Vorgang der mentalen Erschaffung des Universums im Bewusstsein des Alls beschreiben, häufig auch das Wort „Betrachtung", „Kontemplation". Sie scheinen damit ausdrücken zu wollen, dass die göttliche „Attention" zur Anwendung gebracht wird.

Attention ist aus einer lateinischen Wurzel abgeleitet, die „sich erstrecken, sich ausdehnen" bedeutet. Attention ist daher wirklich ein Sich-Erstrecken, eine Ausdehnung mentaler Energie, so dass die zugrunde liegende Idee sogleich verstanden wird, wenn wir auf die wirkliche Bedeutung des Wortes Attention näher eingehen.

Die hermetischen Lehren betreffs des Vorganges der Evolution gehen dahin, dass das All, nachdem es über den Schöpfungsbeginn meditiert und so die materiellen Grundlagen des Universums errichtet hat, indem es diese in Existenz gedacht hat, dann stufenweise erwacht oder sich aus seiner Meditation erhebt. Dadurch bringt es den Vorgang der Evolution auf den materiellen, mentalen und spirituellen Ebenen der Reihe nach in Gang.

So beginnt die Aufwärtsbewegung, und alles beginnt, sich wieder dem Geist zu nähern. Materie wird weniger grob, die Einheiten treten ins Dasein, die Kombinationen beginnen sich zu bilden, Leben erscheint und offenbart sich in immer höheren Formen. Bewusstsein wird immer augenscheinlicher – die Schwingungen werden stets höher.

Kurz, der ganze Vorgang der Evolution in all seinen Phasen beginnt und geht vor sich nach den festen Gesetzen des „Einziehungsvorganges". Dies alles erfordert Äonen über Äonen menschlicher Zeit. Und jedes Äon enthält zahllose Millionen von Jahren und doch teilen uns die Erleuchteten mit, dass die ganze Schöpfung eines Universums, Involution und Evolution inbegriffen, für das All nur ist „wie ein Augenblick".

Am Ende zahlloser Zyklen von Äonen zieht das All seine „Attention" – seine Kontemplation und Meditation – vom Universum zurück, weil das große Werk beendet ist. Alles wird ins All zurückgezogen, von wo es ausging.
Dies ist der Bericht der Erleuchteten.

Diese Schilderung von der „Meditation" des Alls ist natürlich nur ein Versuch der Lehrer, den unendlichen Vorgang durch ein endliches Beispiel zu schildern. Und doch: „Wie unten, so oben." Der Unterschied besteht nur im graduellen Ausmaß.

Gerade so, wie das All sich aus seiner Meditation über das Universum erhebt, wird der Mensch (zur gegebenen Zeit) aufhören, sich auf den materiellen Ebenen zu manifestieren und wird sich mehr und mehr in den ihm innewohnenden Geist zurückziehen, welcher das „göttliche Ich" ist.

In dieser Lektion wollen wir noch etwas besprechen. Eine metaphysische Seite: Wir spielen auf die Frage an, die sich unvermeidlich dem Bewusstsein aller Denker aufdrängt, welche die Wahrheit zu suchen bestrebt sind. Die Frage lautet: „Warum erschafft das All Universen?"

Die Frage mag in verschiedenen Formen gestellt werden, die oben angeführte aber trifft den Kern der Sache. Die Menschen haben sich sehr bemüht, diese Frage zu beantworten, aber noch haben sie keine Antwort gefunden, die dieser Bezeichnung wert wäre. Manche haben sich eingebildet, das All habe durch die Schöpfung etwas zu gewinnen. Das ist aber absurd, denn was könnte das All gewinnen, was es nicht schon besitzt?

Andere haben die Antwort in der Idee gesucht, das All „wünsche etwas, um es lieben zu können". Andere meinten, das All erschaffe zu seinem Vergnügen, zu seiner Unterhaltung oder weil es sich „einsam" fühle oder um seine Macht zu offenbaren. All dies sind Erklärungen und Ideen, deren Gedanken wir nicht teilen können.

Wieder andere haben das Geheimnis zu erklären versucht, indem sie annahmen, dass sich das All durch seine eigene „innerliche Natur", seinen „schöpferischen Instinkt" gezwungen sah zu schaffen. Diese Idee ist besser als die anderen, ihr schwacher Punkt aber liegt in der Vorstellung, dass das All durch irgendetwas Innerliches oder Äußerliches „gezwungen wäre".

Wenn seine „innerliche Natur", sein „schöpferischer Instinkt" es zwingen würde, etwas zu tun, dann wäre die „innerliche Natur", der „schöpferische Instinkt" an Stelle des Alls das Absolute. Dieser Vorschlag ist also auch hinfällig.

Und doch schafft und offenbart sich das All und scheint eine gewisse Befriedigung dabei zu finden. Es ist schwer, der Schlussfolgerung zu entgehen, das All besitze in einem unendlichen Grad etwas, das der

„inneren Natur" oder dem „schöpferischen Instinkt" im Menschen entspricht, mit entsprechendem unendlichen Wunsch und Willen.

Es könnte nicht handeln, wenn es nicht handeln wollte. Und es könnte nicht handeln wollen, wenn es nicht zu handeln wünschte. Und es würde nicht zu handeln wünschen, wenn es dadurch nicht irgendeine Befriedigung erlangte. Und all dies würde einer „inneren Natur" angehören und könnte nach dem Gesetz der Entsprechung als existierend vorausgesetzt werden. Und doch ziehen wir es vor, uns das All vollkommen frei von jedem – innerlichen oder äußerlichen – Einfluss handelnd vorzustellen. Das ist das Problem, das an der Wurzel der Schwierigkeit liegt – und die Schwierigkeit, die an der Wurzel des Problems liegt.

Genau genommen kann man beim All nicht von irgendeinem „Grund" zu handeln sprechen, denn ein „Grund" schließt eine „Ursache" in sich, und das All steht über Ursache und Wirkung, ausgenommen das All wolle eine Ursache werden, in welchem Fall das Gesetz in Tätigkeit tritt. Ihr seht also, der Gegenstand ist unausdenkbar, ebenso wie das All unausdenkbar ist.

So wie wir sagen, das All ist einfach, müssen wir auch sagen, „das All handelt, weil es handelt". Letzten Endes ist das All in sich selbst aller Grund, in sich selbst alles Gesetz, in sich selbst alle Handlung. Man kann wahrhaftig sagen, das All ist sein eigener Grund, sein eigenes Gesetz, seine eigene Handlung – oder noch weiter, das All, sein Grund, seine Handlung, sein Gesetz sind eins. Alles sind nur Namen für dasselbe Ding.

Nach der Meinung derer, die euch diese Lektion geben, ist die Antwort im inneren Selbst des Alls verschlossen, in seinem Wesensgeheimnis.

Unserer Meinung nach reicht das Gesetz von der Entsprechung nur bis zu jenem Aspekt des Alls, von dem man als dem „Aspekt des Werdens" sprechen kann. Hinter diesem Aspekt steht der „Aspekt des Seins", in dem alle Gesetze sich im Gesetz verlieren und alle Gesetze im Gesetz aufgehen. Das All, das Gesetz, das Wesen sind identisch, ein und dasselbe.

Darum ist unsere Spekulation über diesen Punkt fruchtlos. Wir gehen hier auf den Gegenstand nur ein, um zu zeigen, dass wir die Frage kennen, aber nicht die Antwort darauf. Das ist unser Stand …

Schließlich mag es für unsere Schüler interessant sein, zu hören, dass einige alte und neue hermetische Lehrer dazu neigten, das Gesetz der Entsprechung auf die Frage anzuwenden, mit dem Erfolg der Schlussfolgerung von der „inneren Natur". Die Legende aber erzählt, dass Hermes der Große, wenn ihm von seinen fortgeschrittenen Schülern diese Frage gestellt wurde, antwortete, indem er die Lippen fest zusammenpresste und kein Wort sagte, dadurch andeutend, dass es auf diese Frage keine Antwort gebe.

Vielleicht wollte er auf das Axiom seiner Philosophie hinweisen: „Die Lippen der Weisheit sind verschlossen, ausgenommen für die Ohren des Verstehens", da er glaubte, dass nicht einmal seine fortgeschrittenen Schüler das Verständnis besäßen, das sie berechtigen würde, die Lehre zu hören.

Wenn Hermes das Geheimnis besaß, so teilte er es jedenfalls nicht mit, und so weit es die Welt betrifft, sind die Lippen des Hermes verschlossen. Und wo der große Hermes zögerte zu sprechen, wie könnten Sterbliche es wagen zu lehren?

Vergesst aber nie dass folgendes die Wahrheit bleibt, was immer auch die Antwort auf diese Frage sein mag, wenn es wirklich eine Antwort gibt:

> *„Da alles im All ist, ist es gleicherweise wahr, dass das All in allem ist."*

Die Lehre hierüber ist nachdrücklich. Wir fügen auch noch die Schlussworte des Zitats hinzu:

> „Dem, der diese Wahrheit wirklich versteht,
> ist große Weisheit zuteil geworden."

8 Ebenen der Entsprechung

„Wie oben, so unten, wie unten, so oben."

Das Kybalion

Das zweite große hermetische Gesetz enthält die Wahrheit, dass eine Harmonie, eine Übereinstimmung, eine Entsprechung zwischen den verschiedenen Ebenen von Manifestation, Leben und Dasein besteht. Diese Wahrheit ist deshalb eine Wahrheit, weil alles, was im Universum eingeschlossen ist, aus derselben Quelle stammt und weil dieselben Gesetze für jede Einheit und jede Verbindung von Aktivitätseinheiten gelten, während alles seine eigenen Phänomene auf seiner eigenen Ebene manifestiert.

Zur Erleichterung des Denkens und des Studiums teilt die hermetische Philosophie das Universum in drei große Klassen der Phänomene ein, bekannt als die drei großen Ebenen, nämlich:

1. die große physische Ebene
2. die große mentale Ebene
3. die große spirituelle Ebene

Diese Einteilung ist mehr oder weniger künstlich und willkürlich, weil alle drei Abteilungen in Wahrheit nur aufsteigende Grade der großen Stufenleiter des Lebens sind, deren niederster Punkt undifferenzierte

Materie und deren höchster Punkt reiner mentaler Geist ist. Die einzelnen Ebenen gehen auch ineinander über, so dass keine feste Teilung stattfinden kann zwischen den höheren Phänomenen des Physischen und den niederen Phänomenen des Mentalen oder zwischen den höheren des Mentalen und den niederen des Spirituellen.

Kurz, die drei großen Ebenen können als drei große Gruppen von Manifestationsgraden des Lebens angesehen werden.

Der Zweck dieses kleinen Buches erlaubt es uns nicht, auf eine breitere Besprechung oder Erklärung der verschiedenen Ebenen einzugehen. Wir halten es aber für richtig, eine allgemeine Beschreibung der Ebenen zu geben.

Zu Beginn wollen wir die Frage ins Auge fassen, die so oft vom Neophyten gestellt wird, der über die Bedeutung des Wortes „Ebene" Aufklärung wünscht: der Ausdruck „Ebene" wurde in zahlreichen neuen Werken über das Verborgene sehr frei gebraucht und sehr dürftig erklärt.

Die Frage ist im Allgemeinen diese: „Ist eine Ebene ein Ort von räumlicher Dimension oder ist er nur eine Beschaffenheit oder ein Zustand?" Wir antworten: „Nein, kein Ort, auch keine gewöhnliche räumliche Dimension und doch mehr als ein Zustand, eine Beschaffenheit. Er kann als eine Beschaffenheit oder ein Zustand angesehen werden und doch ist der Zustand oder die Beschaffenheit ein Grad von Dimension auf einer Skala, die den Maßen unterworfen ist."

Einigermaßen paradox, nicht wahr?

Aber wir wollen die Angelegenheit prüfen. Eine „Dimension" ist, wie ihr wisst, ein „Maß in gerader Linie", „auf Maß bezüglich". Die gewöhnlichen Dimensionen des Raumes sind Länge, Breite und Höhe, oder vielleicht Länge, Breite, Höhe, Umfang. Es ist aber noch eine andere Dimension erschaffener Dinge, ein anderes „Maß in gerader Linie" den

Eingeweihten bekannt, auch den Wissenschaftlern, obwohl die letzteren noch nicht den Ausdruck „Dimension" dafür angewendet haben. Und diese neue Dimension, welche nebenbei bemerkt die viel begrübelte „Vierte Dimension" ist, ist der Maßstab, der bei der Bestimmung der Grade oder „Ebenen" gebraucht wird.

Diese Vierte Dimension kann die „Dimension der Schwingung" genannt werden. Der modernen Wissenschaft ebenso wie den Hermetikern, welche die Wahrheit in ihrem „dritten hermetischen Gesetz" niedergelegt haben, ist bekannt: „Alles ist in Bewegung, alles schwingt; nichts ist in Ruhe." Von der höchsten Manifestation bis zur niedersten schwingt alles und jedes.

Es schwingt aber nicht nur in verschiedenen Bewegungsmaßen, sondern auch in verschiedene Richtungen und auf verschiedene Art und Weise. Die Grade der Schwingungsmaße bestimmen die Grade auf der Stufenleiter der Schwingungen, mit anderen Worten, die Grade der Vierten Dimension. Und diese Grade bilden das, was die Eingeweihten „Ebenen" nennen.

Je höher der Grad des Schwingungsmaßes, desto höher die Ebene und desto höher die Manifestation des Lebens, das diese Ebene einnimmt. Obwohl also eine Ebene weder ein „Ort" noch „ein Zustand oder eine Beschaffenheit" ist, besitzt er Eigenschaften, die beiden gemeinsam sind.

In unseren folgenden Lektionen, in denen wir das hermetische Gesetz der Schwingung betrachten werden, werden wir mehr über die Stufenleiter der Schwingungen zu sagen haben.

Merkt euch indessen, dass die drei großen Ebenen nicht wirkliche Teilungen der Phänomene des Universums sind, sondern nur willkürliche (abstrakte) Ausdrücke, die von den Hermetikern gebraucht werden, um das Denken und das Studium der verschiedenen Grade und Formen universalen Lebens und universaler Aktivität zu erleichtern.

Das Atom der Materie, die Krafteinheit, das Bewusstsein des Menschen und das Wesen der Erzengel, sie alle sind nur Grade einer Stufenleiter und sind im Grunde dasselbe. Der Unterschied besteht nur im Grad und Maß der Schwingung – sie alle sind Schöpfungen des Alls und haben ihr Dasein allein im unendlichen Bewusstsein des Alls.

Die Hermetiker unterteilen jede der drei großen Ebenen in sieben Unterebenen und jede dieser letzteren in sieben Unterabteilungen. All diese Teilungen sind mehr oder weniger willkürlich, gehen ineinander über und wurden nur zur Erleichterung wissenschaftlichen Studiums und Denkens angenommen.

Die große physische Ebene mit ihren sieben Unterebenen ist jene Abteilung der Phänomene des Universums, welche alles einschließt, was auf physische oder materielle Dinge, Kräfte und Manifestationen Bezug hat. Sie schließt alle Formen von dem, was wir Materie nennen, ein und alle Formen von dem, was wir Energie oder Kraft nennen.

Ihr dürft aber nicht vergessen, dass die hermetische Philosophie die Materie nicht als ein „Ding an sich" anerkennt, der Materie keine gesonderte Existenz im Bewusstsein des Alls zuspricht.

Es wird gelehrt, dass Materie nur eine Form von Energie ist, das heißt Energie von niederer Schwingung bestimmter Art. Demgemäß reihen die Hermetiker die Materie unter Energie ein und weisen ihr drei der sieben Unterebenen der großen physischen Ebene zu.

Diese physischen Unterebenen sind folgende:

1. Die Ebene der Materie (A)
2. Die Ebene der Materie (B)
3. Die Ebene der Materie (C)
4. Die Ebene der ätherischen Substanz
5. Die Ebene der Energie (A)
6. Die Ebene der Energie (B)
7. Die Ebene der Energie (C)

Die Ebene der Materie (A) umfasst die Formen der Materie in ihren Formen der festen, flüssigen und gasförmigen Körper, wie sie allgemein in den physikalischen Lehrbüchern genannt werden.

Die Ebene der Materie (B) umfasst gewisse höhere und subtilere Formen der Materie, deren Existenz die moderne Wissenschaft erst jetzt anerkennt. (Die Phänomene der strahlenden Materie in ihren Phasen von Radium usw. gehören den niederen Unterabteilungen dieser Unterebene an.)

Die Ebene der Materie (C) umfasst Formen der subtilsten und dünnsten Materie, deren Existenz von den gewöhnlichen Gelehrten nicht einmal vermutet wird. Die Ebene der ätherischen Substanz umfasst das, von dem die Wissenschaft als Äther spricht, eine Substanz äußerster Dünnheit und Elastizität, welche den ganzen Raum des Universums durchdringt und als Medium für die Weiterleitung von Energiewellen (Licht, Wärme, Elektrizität usw.) dient.

Diese ätherische Substanz bildet ein Verbindungsglied zwischen (sogenannter) Materie und Energie und hat an der Natur beider teil.

Die hermetischen Lehren teilen uns übrigens mit, dass auch diese Ebene sieben Unterabteilungen hat (wie alle anderen Unterebenen) und dass es tatsächlich sieben Äther gibt, nicht nur einen.

Als nächste nach der Ebene der ätherischen Substanz folgt die Ebene der Energie (A), welche die gewöhnlichen der Wissenschaft bekannten Energieformen umfasst. Ihre sieben Unterebenen sind Wärme, Licht, Magnetismus, Elektrizität und Anziehung (eingeschlossen Gravitation, Kohäsion, chemische Affinität usw.) und mehrere andere Energieformen, die durch wissenschaftliche Experimente schon angezeigt, aber bis jetzt noch nicht benannt oder klassifiziert worden sind.

Die Ebene der Energie (B) umfasst Unterebenen höherer Energieformen, die bis jetzt von der Wissenschaft noch nicht entdeckt worden sind. Diese Energieformen wurden die „feineren Naturkräfte" genannt. Von ihnen wird gesagt, dass sie bei der Manifestation gewisser Formen mentaler Phänomene am Werk sind. Durch sie werden solche Phänomene möglich.

Die Ebene der Energie (C) umfasst sieben Unterebenen von einer Energie, die so hoch organisiert ist, dass sie manche für das „Leben" charakteristischen Merkmale trägt. Diese Energie wurde vom Bewusstsein der Menschen auf der gewöhnlichen Entwicklungsebene noch nicht erkannt. Sie ist nur für Wesen der spirituellen Ebene verfügbar – solche Energie ist für den gewöhnlichen Menschen unausdenkbar und kann beinahe als „göttliche Macht" angesehen werden. Die Wesen, welche sie anwenden, sind verglichen mit den höchsten uns bekannten Menschentypen wie „Götter".

Die große mentale Ebene umfasst sowohl Formen „lebender Dinge", die uns im gewöhnlichen Leben bekannt sind, als auch andere Formen, die – ausgenommen den Eingeweihten – nicht so bekannt sind.

Die Klassifikation der sieben mentalen Unterebenen ist mehr oder weniger befriedigend und willkürlich (wenn sie nicht von kunstvollen Erklärungen begleitet wird, die dem Zweck dieses Werkes fremd sind), wir wollen sie aber doch erwähnen. Die Ebenen sind folgende:

1. Die Ebene des Mineral-Bewusstseins
2. Die Ebene des Elemental-Bewusstseins (A)
3. Die Ebene des Pflanzen-Bewusstseins
4. Die Ebene des Elemental-Bewusstseins (B)
5. Die Ebene des Tier-Bewusstseins
6. Die Ebene des Menschen-Bewusstseins

Die Ebene des Mineral-Bewusstseins umfasst die „Zustände und Beschaffenheit", Einheiten oder Wesen oder Gruppen und Kombinationen derselben, welche die Formen beleben, die uns als „Mineralien", „Chemikalien" usw. bekannt sind.

Diese Wesen dürfen nicht mit den Molekülen, Atomen und Körperteilchen selbst verwechselt werden. Diese Letzteren sind nur die materiellen Körper oder Formen dieser Wesen, ebenso wie der menschliche Körper nur eine materielle Form und nicht der Mensch „selbst" ist.

Diese Wesen können in gewissem Sinne „Seelen" genannt werden, denn sie sind Lebewesen eines geringen Grades von Entwicklung, Leben und Bewusstsein – nur wenig höher als die Einheiten „lebender Energie", welche die höheren Unterabteilungen der höchsten physischen Ebenen umfassen.

Das Durchschnittsbewusstsein schreibt dem Mineralreich gewöhnlich weder Bewusstsein noch Seele noch Leben zu, die Eingeweihten aber wissen, dass im Mineralreich Bewusstsein, Seele, Leben existiert, und die moderne Wissenschaft nähert sich in dieser Beziehung rasch der Ansicht der Hermetiker. Die Moleküle, Atome und Körperteilchen haben ihre „Liebe und ihren Hass", „Gefallen und Missfallen", „Anziehung und Abstoßung" „Affinität und Nicht-Affinität" usw.

Manche der kühnsten modernen Gelehrten haben die Meinung geäußert, dass Wunsch und Wille, Gemütsbewegungen und Gefühle der Atome sich von denen der Menschen nur im Grad unterscheiden. Uns fehlen Zeit und Raum, um dies hier zu beweisen. Alle Eingeweihten kennen es als Tatsache und andere verweisen zur Außenseiterbestätigung auf neuere wissenschaftliche Werke.

Es gibt auch auf dieser Ebene die üblichen sieben Unterabteilungen.

Die Ebene des Elemental-Bewusstseins (A) umfasst den Zustand oder die Beschaffenheit und den Grad mentaler und vitaler Entwicklung einer Klasse von Wesen, die dem Durchschnittsmenschen fremd, den Eingeweihten aber wohlbekannt sind. Sie sind für die gewöhnlichen Sinne des Menschen unsichtbar. Nichtsdestoweniger existieren sie aber und spielen im Drama des Universums ihre Rolle. Der Grad ihrer Intelligenz steht zwischen der Intelligenz der mineralischen und chemikalischen Wesen einerseits und der der Wesen des Pflanzenreiches andererseits.

Auch auf dieser Ebene gibt es sieben Unterabteilungen. Die Ebene des Pflanzen-Bewusstseins in ihren sieben Unterabteilungen umfasst die Zustände und Beschaffenheiten der Wesen des Pflanzenreichs, deren vitale und mentale Phänomene dem Menschen von durchschnittlicher Intelligenz ziemlich gut bekannt sind. Im Lauf der letzten zehn Jahre wurden ja viele neue, interessante wissenschaftliche Werke über „Bewusstsein und Leben der Pflanzen" veröffentlicht. Die Pflanzen besitzen Leben, Bewusstsein und „Seele" ebenso wie die Tiere, Menschen und Übermenschen.

Die Ebene des Elemental-Bewusstseins (B) umfasst in ihren sieben Unterabteilungen die Zustände und Beschaffenheiten höherer Formen von „Elementalen" oder unsichtbaren Wesen, welche ihre Rolle im Werk des Universums spielen. Deren Bewusstsein und Leben bilden einen Teil der Stufenleiter zwischen der Ebene des Pflanzen-Bewusstseins und der Ebene des Tier-Bewusstseins. Diese Wesen haben an der Natur beider Anteil.

Die Ebene des Tier-Bewusstseins umfasst in ihren Unterabteilungen die Zustände und Beschaffenheiten von Wesen oder Seelen, welche die uns allen bekannten tierischen Lebensformen beseelen. Es ist nicht notwendig, diese Lebensebene, das Tierreich, näher zu besprechen, da uns die Tierwelt ebenso vertraut ist, wie unsere eigene.

Die Ebene des Elemental-Bewusstseins (C) umfasst in ihren sieben Unterabteilungen jene Wesen, die unsichtbar wie alle Elementale an der Natur sind. In unserer Besprechung der sieben mentalen Unterebenen haben wir nur allgemein auf die drei Elemental-Ebenen verwiesen. In diesem Werk können wir in Bezug auf diese Ebenen nicht ins Detail gehen, denn es gehört nicht in diesen Teil der allgemeinen Philosophie und Lehre.

Wir sagen aber noch folgendes, um euch eine etwas klarere Vorstellung von den Beziehungen dieser Ebene zu den bekannteren zu geben: Die Elemental-Ebenen haben zu den Ebenen des mineralischen, pflanzlichen, tierischen und menschlichen Lebens und deren Mentalität dieselbe Beziehung wie die schwarzen Tasten des Klaviers zu den weißen. Die weißen Tasten genügen, um Musik hervorzubringen. Es gibt aber bestimmte Tonleitern, Melodien und Harmonien, in welchen die schwarzen Tasten ihre Rolle spielen und in denen ihre Gegenwart notwendig ist.

Die Elemental-Ebenen sind notwendig als „Bindeglieder" von Seelenbeschaffenheiten, Wesenszuständen usw. zwischen den einzelnen anderen Ebenen, da gewisse Entwicklungsformen auf ihnen erreicht sind. Dem Leser, der zwischen den Zeilen lesen kann, wirft diese letzte Tatsache ein neues Licht auf die Entwicklungsvorgänge und verleiht ihm einen neuen Schlüssel für die Geheimtüren der „Sprünge des Lebens" zwischen Naturreich und Naturreich.

Alle Eingeweihten kennen die großen Elementalreiche genau, viele esoterische Schriften erwähnen diese Reiche häufig. Die Leser von Bulwer-Lyttons *Zanoni* und ähnlicher Erzählungen kennen die Wesen, welche diese Lebensebenen bewohnen.

Wenn wir in unserer Betrachtung von der großen mentalen Ebene zu der großen spirituellen Ebene übergehen, was sollen wir sagen? Wie können wir diese höheren Zustände von Sein, Leben und Bewusstsein einem solchen Bewusstsein erklären, das noch unfähig ist, die höheren Unterabteilungen der Ebenen des Menschen-Bewusstseins zu erfassen und zu verstehen?

Die Aufgabe ist unmöglich. Wir können von dieser Ebene nur ganz allgemein sprechen. Wie kann man einem Blindgeborenen das Licht beschreiben, wie einem Menschen, der niemals etwas Süßes gekostet hat, den Geschmack von Zucker, wie einem Taubstummen die Harmonie in Melodien?

Alles, was wir sagen können, ist, dass die sieben Unterebenen der großen spirituellen Ebene (von denen jede ihre sieben Unterabteilungen hat) Wesen umfasst, deren Leben, Bewusstsein und Form über das des Menschen unserer Zeit so hoch erhaben ist wie Letzteres über den Wurm erhaben ist, über das Mineral, ja sogar über gewisse Formen von Energie oder Materie.

Das Leben dieser Wesen überragt unser Leben so weit, dass wir die Details ihres Lebens nicht einmal denken können. Ihr Bewusstsein überragt unser Bewusstsein so weit, dass wir für sie kaum zu „denken" scheinen und unsere mentalen Vorgänge für sie wie materielle Vorgänge erscheinen. Die Materie, aus der ihre Formen zusammengesetzt sind, gehört den höchsten materiellen Ebenen an, ja von manchen Wesen wird gesagt, sie seien in „reine Energie gekleidet". Was kann von solchen Wesen gesagt werden?

Auf den sieben Unterebenen der großen spirituellen Ebene existieren Wesen, von denen wir als von Engeln, Erzengeln, Halbgöttern sprechen. Auf den niederen Unterebenen wohnen jene großen Seelen, die wir Meister und Adepten nennen. Nach diesen kommen die großen Hierarchien der Heerscharen der Engel – für den Menschen unausdenkbar. Und nach diesen kommen jene Wesen, die wir – ohne eine Unehrerbietigkeit zu begehen – „Götter" nennen dürfen, so hoch stehen sie auf der Stufenleiter der Lebewesen.

Ihr Wesen, ihre Intelligenz und ihre Macht gleichen denen, die von den Menschen der Gottheit zugeschrieben werden. Der höchste Gedankenflug menschlicher Phantasie kann diese Wesen nicht erreichen, nur das Wort „göttlich" ist auf sie anwendbar. Viele dieser Wesen haben ebenso wie die Heerscharen der Engel größtes Interesse an den Vorgängen im Universum und spielen darin eine wichtige Rolle.

Diese unsichtbaren Gottheiten und Engelhelfer üben ihren Einfluss auf den Evolutionsprozess und den kosmischen Fortschritt frei und machtvoll aus. Ihr gelegentliches Dazwischentreten und ihr gelegentlicher

Beistand bei menschlichen Angelegenheiten haben zu den zahlreichen Legenden, Glaubensrichtungen, Religionen und Traditionen vergangener und gegenwärtiger Rassen geführt. Durch ihr Wissen und durch ihre Macht haben sie immer wieder auf die Welt eingewirkt, natürlich stets nach dem Gesetz des Alls.

Und doch, auch die höchsten dieser fortgeschrittenen Wesen existieren nur im Bewusstsein des Alls – als seine Schöpfungen – und sind den kosmischen Prozessen und den Gesetzen des Universums unterworfen. Sie sind noch sterblich.

Wir dürfen sie „Götter" nennen, wenn wir wollen, aber sie sind doch nur unsere älteren Brüder, die fortgeschrittenen Seelen, welche ihre Brüder überholt haben, und welche die Entzückung des Aufgehens im All vorübergehen ließen, um den Menschen auf ihrer Reise entlang des Pfades helfen zu können.

Sie gehören aber dem Universum an, sind seinen Bedingungen unterworfen – sie sind sterblich – und ihre Ebene liegt unter der Ebene des absoluten Geistes. Nur die fortgeschrittensten Hermetiker sind fähig, die inneren Lehren über den Existenzzustand auf den spirituellen Ebenen und über die Macht, die sich auf diesen Ebenen manifestiert, zu erfassen.

Die Phänomene der spirituellen Ebene stehen so viel höher als die der mentalen Ebene, dass nur eine Verwirrung der Vorstellungen entstehen könnte, wollten wir versuchen, sie zu beschreiben. Nur jene Menschen, die Jahre hindurch ihr Bewusstsein im Sinne der hermetischen Philosophie geübt haben, ja nur solche, welche aus anderen Inkarnationen früher erworbenes Wissen mitgebracht haben, können verstehen, was mit den Lehren über die spirituellen Ebenen gemeint ist.

Und viele dieser inneren Lehren werden von den Hermetikern für zu heilig, zu wichtig und sogar zu gefährlich gehalten, als dass sie öffentlich bekannt gegeben würden. Intelligente Schüler werden verstehen, was wir meinen, wenn wir feststellen, dass „reiner Geist" – wie er von den Hermetikern gebraucht wird, – gleichbedeutend ist mit „lebende Macht", „beseelte Kraft", „innere Essenz", „Lebensessenz" usw.

Diese Bedeutung darf nicht verwechselt werden mit der gewöhnlich in Verbindung mit diesem Ausdruck angewendeten als „religiös, kirchlich, spirituell, ätherisch, heilig" usw. Der Eingeweihte gebraucht das Wort „reiner Geist" im Sinne von „belebendes Gesetz", welches die Idee von „Macht, lebender Energie, mystischer Kraft" usw. in sich trägt.

Die Eingeweihten wissen auch, dass das, was als „spirituelle Macht" bekannt ist, im schlechten ebenso wie im guten Sinne (in Übereinstimmung mit dem Gesetz der Polarität) angewendet werden kann; eine Tatsache, die von den meisten Religionen in ihren Vorstellungen von bösen Mächten wie Satan, Beelzebub, Teufel, Luzifer, gefallenen Engeln usw. anerkannt wurde.

Das Wissen von dieser Ebene wurde in allen esoterischen Bruderschaften und geheimen Orden im Allerheiligsten, im Geheimraum des Tempels, gehütet. Dies aber möge hier gesagt werden: Jene, die hohe spirituelle Macht erlangt und dieselbe missbraucht haben, erwartet ein schreckliches Schicksal. Der Schwung des rhythmischen Pendels wird sie unvermeidlich zum fernsten Extrem materieller Existenz zurückschwingen, von wo aus sie ihre Schritte wieder zurück, dem „reinen Geist" entgegenlenken müssen.

Sie müssen all die ermüdenden Runden des Pfades durchschreiten, wobei ihre Qual dadurch vergrößert wird, dass sie immer die Erinnerung an jene Höhen in sich tragen, aus denen sie infolge ihrer eigenen bösen Handlungen gestürzt sind.

Alle fortgeschrittenen Eingeweihten wissen, dass die Legenden von den gefallenen Engeln auf Tatsachen beruhen. Das selbstsüchtige Streben nach Macht auf den spirituellen Ebenen führt unvermeidlich zu dem Ergebnis, dass die selbstsüchtige Seele ihr spirituelles Gleichgewicht verliert und so weit zurückfällt, als sie sich vordem erhoben hatte. Aber auch solchen Seelen ist Gelegenheit zu einer Rückkehr geboten – solche Seelen machen sich auf den Rückweg, auf dem sie die erschreckende Lektion nach dem unveränderlichen Gesetz zahlen.

Zum Schluss wollen wir euch noch einmal daran erinnern, dass nach dem Gesetz der Entsprechung, welches die Wahrheit enthält: „Wie oben, so unten, wie unten, so oben", alle sieben hermetischen Gesetze auf den zahlreichen physischen, mentalen und spirituellen Ebenen in voller Wirksamkeit bestehen.

Das Gesetz von der mentalen Substanz ist natürlich auf alle Ebenen anwendbar, weil alle im Bewusstsein des Alls gehalten werden. Das Gesetz der Entsprechung manifestiert sich auf allen Ebenen, weil zwischen den einzelnen Ebenen Übereinstimmung, Harmonie und Entsprechung besteht.

Das Gesetz der Schwingung manifestiert sich auf allen Ebenen, beruhen doch die Unterschiede, welche die „Ebenen" bilden, selbst auf der Schwingung, wie bereits erklärt wurde.

Das Gesetz der Polarität manifestiert sich auf jeder Ebene, da die Extreme der Pole augenscheinlich entgegengesetzt und widersprüchlich sind.

Das Gesetz des Rhythmus manifestiert sich auf jeder Ebene, da die Bewegung der Phänomene ihre Ebbe und Flut, ihr Steigen und Fallen, ihr Eingehen und Ausgehen besitzt.

Das Gesetz von Ursache und Wirkung manifestiert sich auf jeder Ebene, da jede Wirkung ihre Ursache und jede Ursache ihre Wirkung hat.

Das Gesetz des Geschlechts manifestiert sich auf jeder Ebene, da sich die schöpferische Energie immer manifestiert und nach ihren männlichen und weiblichen Aspekten wirkt.

> *„Wie oben, so unten,*
> *wie unten, so oben."*

Dieses jahrhundertealte hermetische Axiom enthält eines der größten Gesetze des Universums. Je weiter wir in unserer Betrachtung der übrigen Gesetze fortschreiten, desto klarer sehen wir die Wahrheit der universellen Natur dieses großen Gesetzes der Entsprechung.

9 Schwingung

„Nichts ruht; alles bewegt sich; alles schwingt."

Das Kybalion

Das dritte große hermetische Gesetz – das Gesetz der Schwingung – enthält die Wahrheit, dass in allem im Universum sich Bewegung manifestiert, dass nichts im Ruhzustand harrt – dass alles sich bewegt, schwingt und kreist.

Dieses hermetische Gesetz wurde von einigen der alten griechischen Philosophen erkannt, welche es in ihr System einbauten. Dann aber verloren es die Denker außerhalb der hermetischen Reihen für Jahrhunderte aus den Augen. Im 19. Jahrhundert aber wurde die Wahrheit von der physikalischen Wissenschaft wiederentdeckt, und die wissenschaftlichen Entdeckungen des 20. Jahrhunderts haben neue Beweise für die Richtigkeit und Wahrheit dieser jahrhundertealten Lehre geliefert.

Die hermetischen Lehren sagen uns, dass sich nicht nur alles in fortwährender Bewegung und Schwingung befindet, sondern dass die Unterschiede zwischen den einzelnen Manifestationen der universalen Macht nur in den verschiedenen Maßen und Arten der Schwingungen bestehen. Aber nicht nur dies, sogar das All in sich selbst manifestiert eine fortwährende Schwingung von so unendlicher Intensität und so schneller Bewegung, dass es praktisch als in Ruhe befindlich angesehen werden kann.

Die Lehrer machen ihre Schüler auf die Tatsache aufmerksam, dass uns sogar auf der physischen Ebene ein Gegenstand, der sich rasch bewegt (zum Beispiel ein sich drehendes Rad), ruhig erscheint. Nach den hermetischen Lehren steht „reiner Geist" an einem Pol der Schwingung, am anderen Pol stehen gewisse Formen von Materie. Zwischen diesen beiden Polen sind Millionen über Millionen verschiedener Schwingungsmaße und Schwingungsarten.

Die moderne Wissenschaft hat bewiesen, dass alles, was wir Materie und Energie nennen, nur „Arten schwingender Bewegung" sind, und manche fortschrittliche Gelehrte nähern sich rasch der Ansicht der Eingeweihten, welche auch die Phänomene des Bewusstseins für Arten von Schwingung oder Bewegung halten. Wir wollen sehen, was die Wissenschaft über die Schwingungen in Materie und Energie zu sagen hat.

Fürs erste lehrt die Wissenschaft, dass alle Materie in gewissem Grad die Schwingungen manifestiert, die durch Temperatur oder Wärme entstehen. Ist ein Gegenstand heiß oder kalt – beides sind nur Grade desselben Dings – er manifestiert gewisse Wärmeschwingungen und ist in diesem Sinne in Bewegung und Schwingung.

Vom Körperchen bis hin zu den Sonnen sind alle Teile der Materie in kreisender Bewegung. Die Planeten drehen sich um die Sonne, und viele von ihnen drehen sich um ihre eigene Achse. Die Sonnen bewegen sich um größere Mittelpunkte. Von diesen Mittelpunkten glaubt man, dass auch sie sich um noch größere bewegen und so weiter, bis hin ins Unendliche.

Die Moleküle, aus denen die einzelnen Arten der Materie zusammengesetzt sind, befinden sich in einem Zustand fortwährender Schwingung und Bewegung umeinander und gegeneinander. Die Moleküle sind aus Atomen zusammengesetzt, welche gleicherweise in einem Zustand andauernder Bewegung und Schwingung sind. Die Atome bestehen aus Körperteilchen, manchmal „Elektronen" oder „Ionen" genannt, welche ebenfalls im Zustand rascher Bewegung befindlich sind, sich umeinander drehen und eine sehr rasche Schwingung manifestieren.

So sehen wir, dass in Übereinstimmung mit dem hermetischen Gesetz der Schwingung alle Formen der Materie Schwingung manifestieren.

Und so ist es auch mit den verschiedenen Formen der Energie. Die Wissenschaft lehrt, dass Licht, Wärme, Magnetismus und Elektrizität nur Formen schwingender Bewegung sind, in gewisser Weise mit dem Äther zusammenhängend und wahrscheinlich vom Äther ausgehend.

Der Wissenschaft ist es bis jetzt noch nicht gelungen, die Natur der Phänomene zu erklären, die als Kohäsion, chemische Affinität und Gravitation bekannt sind. Kohäsion ist das Gesetz der Molekularanziehung. Chemische Affinität ist das Gesetz der Atomanziehung. Gravitation (das größte Geheimnis unter den dreien) ist das Gesetz der Anziehung, durch welche jeder Teil und jede Masse von Materie an jeden anderen Teil und jede andere Masse gebunden ist.

Diese drei Energieformen werden von der Wissenschaft noch nicht verstanden, doch neigen die Fachautoren zu der Ansicht, dass auch sie Manifestationen einer Form von schwingender Energie sind – eine Tatsache, welche von den Hermetikern seit undenklichen Zeiten erkannt und gelehrt wurde.

Der universale Äther, der von der Wissenschaft vorausgesetzt wird, ohne dass sie seine Natur klar verstehen würde, wird von den Hermetikern als eine höhere Manifestation dessen angesehen, was irrtümlich Materie genannt wird. Das will sagen, als Materie von höherem Schwingungsgrad. Sie wird von ihnen „ätherische Substanz" genannt.

Die Hermetiker lehren, dass diese ätherische Substanz von außerordentlicher Dünnheit und Elastizität ist, den universalen Raum durchdringt und als Übertragungsmedium für Wellen schwingender Energie (Wärme, Licht, Elektrizität, Magnetismus usw.) dient. Die Lehren gehen dahin, dass die ätherische Substanz ein Bindeglied zwischen den als „Materie" bekannten Formen schwingender Energie einerseits und „Energie und Kraft" andererseits sein muss und dass sie einen nach Maß und Art vollständig eigenen Schwingungsgrad manifestiert.

Die Wirkung zunehmender Schwingungsmaße wollten die Gelehrten durch das Bild eines Rades, Kreisels oder Zylinders in rascher Bewegung anschaulich machen. Es wird dabei vorausgesetzt, dass ein Rad, ein Kreisel oder ein sich drehender Zylinder mit geringer Geschwindigkeit läuft. Wir wollen bei der Besprechung des ganzen Vorgangs dieses sich drehende Ding nur als „Gegenstand" bezeichnen.

Nehmen wir also an, der Gegenstand bewege sich zunächst langsam. Man kann die Bewegung gut sehen, aber kein Laut dieser Bewegung erreicht unser Ohr. Die Geschwindigkeit nimmt nach und nach zu. Nach einigen Augenblicken wird die Bewegung so schnell, dass ein tiefes Brummen oder eine tiefe Note hörbar wird. Wenn dann die Geschwindigkeit noch weiter wächst, wird ein der musikalischen Tonleiter angehörender Ton erzeugt.

Bei weiterer Steigerung der Geschwindigkeit kann man den nächstfolgenden Ton unterscheiden. Und so folgen – einer nach dem andern – all die Töne der Tonleiter. Je mehr die Bewegung sich steigert, desto höher werden die Töne.

Wenn die Bewegung schließlich einen gewissen Grad erreicht hat, ist der höchste für das menschliche Ohr noch vernehmbare Ton erreicht, der schrille, durchdringende Schrei erstirbt – und Stille folgt. Kein Laut des sich drehenden Gegenstandes wird gehört, da das Maß der Bewegung so hoch geworden ist, dass das menschliche Ohr die Schwingungen nicht mehr aufnehmen kann.

Dann empfinden wir zunehmende Wärme. Nach einiger Zeit erreicht das Auge einen flüchtigen Schimmer des Gegenstandes, der eine trübe, stumpfe rötliche Farbe angenommen hat.

Mit wachsender Geschwindigkeit wird das Rot heller und geht später in Orange über. Dann folgen nach und nach die Schattierungen von Grün, Blau, Indigo und schließlich Violett. Die Geschwindigkeit nimmt immer weiter zu. Es vergeht das Violett, alle Farben verschwinden. Das menschliche Auge kann sie nicht aufnehmen. Vom sich drehenden Gegenstand gehen aber unsichtbare Strahlen aus, die Strahlen, die in der Fotografie verwendet werden und noch andere feine Lichtstrahlen.

Dann beginnen sich besondere, als Röntgenstrahlen bekannte Strahlen zu manifestieren, da sich die Körperbeschaffenheit des Gegenstandes geändert hat. Wenn das zugehörige Schwingungsmaß erreicht ist, werden Elektrizität und Magnetismus ausgesendet. Wenn dann der Gegenstand ein bestimmtes Schwingungsmaß erreicht hat, zerfallen seine Moleküle und lösen sich in die ursprünglichen Elemente und Atome auf. Dem Gesetz der Schwingung folgend werden die Atome in die zahllosen Teilchen (Elektronen) getrennt, aus denen sie zusammengesetzt sind.

Und schließlich verschwinden auch die Elektronen. Man kann sagen, der Gegenstand wird aus der ätherischen Substanz zusammengesetzt.

Die Wissenschaft wagt es nicht, die Illustration noch weiter zu verfolgen, die Hermetiker aber lehren, dass, wenn die Schwingungen andauernd anwachsen würden, der Gegenstand die folgenden Manifestationsstadien erreichen und der Reihe nach die verschiedenen mentalen Stufen manifestieren würde, dem „reinen Geist" immer näher käme und endlich wieder ins All eingehen würde, das absoluter Geist ist.

Lange bevor er die Stufe ätherischer Substanz erreicht hat, hat der „Gegenstand" jedoch aufgehört, ein „Gegenstand" zu sein. Andererseits aber ist die Illustration doch richtig, sofern sie die Wirkung andauernd gesteigerten Schwingungsmaßes zeigt. Bei der oben gegebenen Illustration darf man nicht vergessen, dass in den Stadien, in denen der „Gegenstand" Schwingungen von Licht, Wärme, usw. aussendet, er nicht wirklich in diese Energieformen aufgelöst wurde (diese Energieformen stehen auf einer viel höheren Stufe). Er erreicht einfach einen Schwingungsgrad, in welchem diese Energieformen bis zu einem gewissen Grad von den beschränkenden und ihn begrenzenden Einflüssen seiner Moleküle, Atome und Elektronen befreit werden.

Obwohl diese Energieformen viel höher stehen als Materie, sind sie doch dadurch in die materiellen Verbindungen eingeschlossen, dass sie sich durch materielle Formen manifestieren und sie gebrauchen. So aber werden sie in ihre Schöpfungen materieller Formen verwickelt und eingesperrt, was bis zu einem gewissen Grad bei allen Schöpfungen der Fall ist: Die schöpferische Kraft wird in ihre Schöpfung involviert.

Die hermetischen Lehren gehen viel weiter als die moderne Wissenschaft. Sie lehren, dass alle Manifestationen von Gedanken, Gefühlen, Verstand, Wille oder Wunsch oder mentalen Zuständen und Beschaffenheiten von Schwingungen begleitet werden, von denen ein Teil ausgesendet wird und das Bewusstsein anderer Personen durch „Induktion" beeinflussen kann.

Dies ist das Gesetz, das die Erscheinungen der „Telepathie" hervorruft, also mentalen Einfluss und andere Formen von Wirkung Bewusstsein auf Bewusstsein betrifft. Infolge der weiten Verbreitung geheimen Wissens durch die verschiedenen Schulen, Kulte und Lehrer in unserer Zeit ist die Leserschaft mit diesen Erscheinungen sicher rasch vertraut.

Jeder Gedanke, jedes Gefühl und jeder mentale Zustand hat seine Entsprechung in einem bestimmten Maß und einer bestimmten Art der Schwingung. Und durch eine Anstrengung des Willens der Person selbst oder anderer Personen können diese mentalen Zustände reproduziert werden. So wie ein musikalischer Ton erzeugt werden kann, indem man ein Instrument in einem bestimmten Maß schwingen lässt, so wie auch eine Farbe auf dieselbe Weise reproduziert werden kann.

Durch die Kenntnis des Gesetzes der Schwingung, angewendet auf mentale Phänomene, kann man sein Bewusstsein auf jeden erwünschten Schwingungsgrad polarisieren und so eine vollkommene Herrschaft über seine mentalen Zustände, Stimmungen usw. erlangen.

Auf dieselbe Weise kann man auch das Bewusstsein anderer beeinflussen, indem man die gewünschten mentalen Zustände in ihnen hervorruft. Man ist dann fähig, auf der mentalen Ebene das hervorzurufen, was Wissenschaft auf der physischen Ebene erzeugt, nämlich „Schwingungen durch den Willen".

Diese Macht kann man natürlich nur durch besonderen Unterricht, durch Übungen und durch Praxis usw. erlangen. Denn sie ist die Wissenschaft mentaler Transmutation, ein Zweig der hermetischen Kunst.

Eine kurze Erwägung des hier Gesagten wird dem Schüler zeigen, dass das Gesetz der Schwingung den wunderbaren, machtvollen Phänomenen zugrunde liegt, welche von den Meistern und den Adepten manifestiert werden. Die Meister und die Eingeweihten können scheinbar die Naturgesetze unwirksam machen. In Wirklichkeit aber gebrauchen sie nur ein Gesetz gegen ein anderes und ein Gesetz gegen andere Gesetze.

Sie erzielen ihre Erfolge dadurch, dass sie die Schwingungen von materiellen Gegenständen oder von Energieformen verändern, und so das vollbringen, was für gewöhnlich „Wunder" genannt wird.

Ein alter hermetischer Schriftsteller sagt:

> *„Wer das Gesetz der Schwingung versteht, hat das Zepter der Macht erlangt."*

10 Polarität

„Alles ist zweifach, alles hat Pole;
alles hat seine zwei Gegensätze;
Gleich und Ungleich ist dasselbe.
Gegensätze sind ihrer Natur nach identisch,
nur im Grad verschieden;
Extreme begegnen einander;
alle Wahrheiten sind nur Halbwahrheiten;
alle Paradoxa können in Übereinstimmung
gebracht werden."

Das Kybalion

Das vierte große hermetische Gesetz der Polarität enthält die Wahrheit, dass alle manifestierten Dinge „zwei Seiten" haben, „zwei Aspekte", „zwei Pole", „zwei Gegensätze" mit vielfachen Stufen zwischen den beiden Extremen.

Die alten Paradoxa, die schon immer das Bewusstsein der Menschen verblüfft haben, werden durch das Verstehen dieses Gesetzes erklärt. Der Mensch hat schon immer etwas von diesem Gesetz Verwandtes erkannt und hat es in Sprichwörtern und Aphorismen auszudrücken versucht wie zum Beispiel: „Jede Wahrheit ist halb falsch", „Jedes Ding hat zwei Seiten", „die Kehrseite der Medaille", usw.

Die hermetischen Lehren gehen dahin, dass der Unterschied zwischen Dingen, die scheinbar diametral entgegengesetzt sind, nur im Grad besteht. Sie lehren, dass die „zwei Gegensätze miteinander versöhnt werden können" und dass „Thesis und Antithesis" ihrer Natur nach identisch sind, nur im Grad verschieden. Und: „Die universale Versöhnung der Gegensätze kann durch die Erkenntnis des Gesetzes der Polarität erreicht werden."

Die Lehrer machen darauf aufmerksam, dass Illustrationen für dieses Gesetz leicht gefunden werden können, und zwar durch eingehende Prüfung der wahren Natur jeder Sache. Vorerst zeigen sie uns, dass „reiner Geist" und Materie nur die beiden Pole desselben Dings sind, die Mittelebenen nur Schwingungsgrade. Sie zeigen, dass das All und das Vielerlei dasselbe sind, dass der Unterschied nur im Grad der mentalen Manifestation besteht. So sind auch das Gesetz und die Gesetze die entgegengesetzten Pole desselben Dings, gleicherweise das Gesetz und die Gesetze des unendlichen Bewusstsein und des endlichen Bewusstseins.

Eingehend auf die physische Ebene illustrieren die Lehrer das Gesetz, indem sie zeigen, dass Hitze und Kälte der Natur nach identisch sind; die Unterschiede bestehen nur im Grad. Das Thermometer zeigt viele Temperaturgrade, der niederste Pol wird „Kälte", der höchste Pol „Hitze" genannt. Zwischen diesen beiden Polen liegen viele Grade von „Wärme" und „Kälte", man kann sie so oder so nennen, man hat immer recht. Der höhere von zwei Graden ist immer „wärmer", während der niedere immer „kälter" ist. Es gibt keinen absoluten Maßstab, alles ist nur vom Grad abhängig. Es gibt am Thermometer keinen Punkt, wo Wärme aufhört und Kälte beginnt. Es ist alles nur höhere oder niedere Schwingung.

Die Ausdrücke „hoch" und „nieder" selbst, die wir gezwungenermaßen verwenden, sind nur Pole desselben Dings – die Ausdrücke sind relativ. So ist es auch mit „Ost" und „West". Wer in östlicher Richtung rund um die Erde reist, wird einen Punkt erreichen, der als Ausgangspunkt Westen heißt, und kehrt von diesem westlichen Punkt zurück. Wer weit genug nach Norden reist, wird sich auf einmal nach Süden reisend finden und umgekehrt.

Licht und Dunkelheit sind ebenfalls Pole desselben Dings mit vielen Zwischengraden. Bei der Tonleiter ist es dasselbe: Vom C ausgehend, steigt man immer höher, bis man das hohe C erreicht und so fort. Die Unterschiede zwischen den beiden Enden sind dieselben, mit vielen Graden zwischen den beiden Extremen.

Auch bei der Farbenskala ist es dasselbe – höhere und niedere Schwingungen machen den einzigen Unterschied zwischen hohem Violett und tiefem Rot aus. Groß und Klein sind relative Begriffe, desgleichen Lärm und Ruhe, hart und weich folgen derselben Regel, ebenso scharf und stumpf. Positiv und negativ sind zwei Pole desselben Dings mit vielen Zwischengraden.

Gut und böse sind nicht absolut – wir nennen das eine Ende der Skala gut und das andere böse. Oder ein Ende das Gute und das andere Ende das Übel, je nach Anwendung der Ausdrücke. Ein Ding ist „weniger gut" als das Ding, das auf der Skala höher steht. Dieses „weniger gute Ding" aber ist wieder „besser" als das Ding, das zunächst unter ihm steht – und so weiter. Das „Mehr oder Weniger" wird von der Stellung auf der Skala reguliert.

So ist es auch auf der mentalen Ebene. „Liebe und Hass" werden gewöhnlich als diametrale Gegensätze angesehen, als vollkommen verschieden, unvereinbar. Wenn wir aber das Gesetz der Polarität anwenden, dann finden wir, dass es keine absolute Liebe und keinen absoluten Hass gibt, die man voneinander unterscheiden könnte. Hass (bzw. Angst) und Liebe sind nur die Ausdrücke, die für die beiden Pole desselben Dings gebraucht werden. Wenn wir auf irgendeinem Punkt der Skala beginnen, finden wir „mehr Liebe" oder „weniger Hass", wenn wir die Skala aufwärts steigen und „mehr Hass" und „weniger Liebe", wenn wir die Skala abwärts steigen. Dies bleibt so, ganz gleich, ob wir von einem hohen oder einem niederen Punkt ausgehen.

Es gibt Grade von Hass und Liebe, und es gibt einen mittleren Punkt, an dem Zuneigung und Abneigung so schwach werden, dass es schwer ist, zwischen den beiden zu unterscheiden. Mut und Furcht fallen unter dieselbe Regel. Die zwei Gegensätze existieren überall. Wo ihr ein Ding findet, da findet ihr auch seinen Gegensatz – die beiden Pole.

Und diese Tatsache ist es, die den Hermetiker befähigt, einen mentalen Zustand nach den Richtlinien der Polarisation in einen anderen zu transmutieren. Dinge, die verschiedenen Klassen angehören, können nicht ineinander transmutiert werden, aber Dinge derselben Klasse können getauscht werden, was heißt, sie können ihre Polarität ändern. So wird aus Liebe niemals Osten oder Westen, oder Rot oder Violett. Doch in Hass kann sie sich verwandeln – und sie tut es oft. Gleicherweise kann nun aber der Hass durch Veränderung der Polarität in Liebe umgewandelt werden. Mut kann sich in Furcht transmutieren und umgekehrt. Harte Dinge können weich gemacht werden, stumpfe Dinge werden scharf, heiße Dinge werden kalt, und so weiter.

Die Transmutation findet immer nur zwischen den Dingen derselben Art und verschiedenen Graden statt. Nehmen wir den Fall eines furchtsamen Menschen. Wenn er seine mentalen Schwingungen in Richtung Furcht – Mut erhebt, kann ihn plötzlich der höchste Grad von Mut und Furchtlosigkeit erfüllen. Gleicherweise kann ein träger Mensch sich in ein tätiges, energisches Individuum verwandeln, einfach durch Polarisation in Richtung der erwünschten Eigenschaft.

Der Schüler, welcher mit den Prozessen vertraut ist, durch welche die verschiedenen Schulen mentaler Wissenschaft usw. die Veränderungen der mentalen Zustände jener hervorbringen, die ihren Lehren folgen, wird nicht sogleich das Gesetz verstehen, das vielen dieser Veränderungen zugrunde liegt.

Wenn jedoch das Gesetz der Polarität einmal erfasst wurde und man gesehen hat, dass mentale Veränderungen von einer Veränderung der Polarität verursacht werden – einem Gleiten entlang derselben Skala –

dann ist dies alles leichter zu verstehen. Die Veränderung besteht nicht in der Transmutation eines Dings in ein anderes, von diesem vollkommen verschiedenen Ding – sie ist nur eine Änderung des Grades von gleichen Dingen, ein sehr wichtiger Unterschied.

Um ein Beispiel aus der physischen Ebene zu geben: Es ist unmöglich, Hitze in Schärfe umzuwandeln oder in Lärm, in Höhe usw. Hitze aber kann leicht in Kälte umgewandelt werden, einfach durch Herabsetzen der Schwingungen. Auf diese gleiche Weise sind Hass und Liebe gegenseitig wandelbar, auch Furcht und Mut.

Schmerz aber kann nicht in Liebe verwandelt werden, noch kann Mut in Hass transmutieren. Die mentalen Zustände gehören zahllosen Klassen an. Jede dieser Klassen hat ihre entgegengesetzten Pole zwischen denen Transmutation möglich ist.

Schüler werden leicht erkennen, dass in den mentalen Zuständen ebenso wie bei den Phänomenen der physischen Ebene die beiden Pole als positiv beziehungsweise negativ bezeichnet werden können.

So ist Liebe positiv zum Hass, Mut zur Furcht, Tätigkeit zur Untätigkeit usw. Bemerkt sei noch, dass sogar jenen, die mit dem Gesetz der Schwingung nicht vertraut sind, der positive Pol von höherem Grad erscheint als der negative, und dass der positive Pol den negativen beherrscht. Die Tendenz der Natur geht zur dominierenden Aktivität des positiven Pols.

Die Phänomene mentaler Beeinflussung in ihren mannigfaltigen Phasen zeigen uns, dass man durch die Anwendung der Polarisationskunst nicht nur die Pole seiner eigenen mentalen Zustände verändern kann. Das Gesetz erstreckt sich auch auf jene Phänomene, in denen ein Bewusstsein das Bewusstsein anderer beeinflusst.

In den letzten Jahren wurde über diesen Gegenstand viel geschrieben und gelehrt. Wenn man verstanden hat, dass mentale Induktion möglich ist, das heißt, dass mentale Zustände durch Induktion anderer hervorgerufen werden können, kann man ohne Schwierigkeit ersehen, dass ein gewisses Schwingungsmaß oder die Polarisation eines gewissen mentalen Zustandes einer anderen Person mitgeteilt und deren Polarität in dieser Klasse mentaler Zustände verändert werden kann.

Nach diesem Gesetz können die Resultate vieler „mentaler Behandlungsarten" erzielt werden, zum Beispiel wenn eine Person melancholisch und voll Furcht ist. Ein mentaler Wissenschaftler bringt dann vermöge seines geübten Willens sein eigenes Bewusstsein auf die gewünschte Schwingung und erreicht so für sich selbst die erwünschte Polarisation. Dann ruft er durch Induktion einen ähnlichen mentalen Zustand bei der anderen Person hervor. Das Resultat ist, dass die Schwingungen angehoben werden und die Person gegen das positive Ende der Skala statt gegen das negative polarisiert wird. Ihre Furcht und andere negative Gefühle wurden in Mut und ähnliche positive mentale Zustände transmutiert.

Ein wenig Nachdenken wird zeigen, dass nahezu alle mentalen Veränderungen Polarisationsänderungen sind, und dass viel häufiger der Grad als die Gattung geändert wird. Das Wissen von der Existenz dieses großen hermetischen Gesetzes befähigt die Schüler, ihre eigenen mentalen Zustände sowie auch die anderer besser zu verstehen.

Die Schüler werden erkennen, dass all diese Zustände vom Grad abhängen und sind dadurch fähig, die Schwingungen willkürlich zu erhöhen oder zu erniedrigen, ihre mentalen Pole zu ändern und so Meister ihrer mentalen Zustände zu werden anstatt deren Diener und Sklave. Durch ihr Wissen können sie ihren Mitmenschen sinnvoll helfen und durch Anwendung geeigneter Methoden die Polarität ändern, wenn es gewünscht ist.

Wir raten allen Schülern, sich mit dem Gesetz der Polarität vertraut zu machen, weil ein korrektes Verständnis desselben Licht auf viele Schwierigkeiten wirft!

11 Rhythmus

„Alles fließt aus und ein; alles hat seine Gezeiten;
alles hebt sich und fällt,
der Schwung des Pendels äußert sich in allem;
der Ausschlag des Pendels nach rechts
ist das Maß für den Ausschlag nach links;
Rhythmus gleicht aus."

Das Kybalion

Das fünfte große hermetische Gesetz – das Gesetz vom Rhythmus – enthält die Wahrheit, dass sich in allem eine abgemessene Bewegung äußert. Ein Hin und Her, ein Ein- und Ausfluten und Einfluten, ein Vorwärts- und Rückwärtsschwingen, eine pendelartige Bewegung, eine gezeitengleiche Ebbe und Flut, eine Hoch-Zeit und eine Tief-Zeit zwischen den beiden Polen, die sich auf den physischen, mentalen und spirituellen Ebenen manifestieren.

Das Gesetz vom Rhythmus ist eng verknüpft mit dem Gesetz der Polarität, welches im vorhergehenden Kapitel erörtert wurde.

Rhythmus manifestiert sich zwischen den beiden Polen, die vom Gesetz der Polarität errichtet worden sind. Das soll aber nicht bedeuten, dass das rhythmische Pendel bis zu den extremen Polen schwingt, denn das kommt nur selten vor. Tatsächlich ist es in den meisten Fällen schwer, die extremen polaren Gegensätze festzusetzen. Aber der Schwung des Pendels ist immer erst in der Richtung nach dem einen und dann in der Richtung nach dem anderen Pol.

In allen Phänomenen des Universums manifestiert sich eine Aktion und Reaktion, ein Fortschritt und Rückschritt, ein Steigen und Fallen. Sonnen, Welten, Menschen, Tiere, Pflanzen, Minerale, Kräfte, Energie, Bewusstsein und Materie, ja sogar Geist oder reiner Geist manifestieren sich in diesem Gesetz. Das Gesetz zeigt sich in der Erschaffung und Zerstörung von Welten, im Aufstieg und Fall von Nationen, in der Lebensgeschichte aller Dinge und endlich in den mentalen Zuständen des Menschen.

Um mit den Manifestationen des reinen Geistes – des All – zu beginnen: Man wird bemerken, dass immer das Ausströmen und Einziehen da ist, das „Ausatmen und Einatmen von Brahma", wie die Brahmanen es ausdrücken. Universen werden geschaffen, erreichen ihren extrem niederen Punkt der Materialität und beginnen dann ihren Schwung nach aufwärts. Sonnen treten ins Dasein – und wenn sie die Höhe ihrer Macht erreicht haben, beginnt der Prozess des Rückgangs. Nach Äonen werden sie tote Massen von Materie und warten auf einen Impuls, welcher ihre inneren Energien wieder in Tätigkeit versetzt. Damit hat dann ein neuer solarer Lebenszyklus begonnen.

Und so ist es mit allen Welten – sie werden geboren, wachsen und sterben, nur um wieder geboren zu werden. Sie schwingen von Aktion zu Reaktion, von der Geburt zum Tod, von Tätigkeit zu Untätigkeit und dann wieder zurück. So geht es mit dem Leben aller Dinge – sie werden geboren, wachsen und sterben und werden dann wieder geboren. So verhält es sich mit allen großen Bewegungen, Philosophien, Glaubensbekenntnissen, Sitten und Bräuchen, Regierungen, Nationen und allem anderen – Geburt, Wachstum, Reife, Verfall, Tod und dann neue Geburt.

Der Schwung des Pendels ist in allem offenbar. Die Nacht folgt dem Tag, und der Tag folgt der Nacht. Das Pendel schwingt vom Sommer zum

Winter und dann wieder zurück. Die Körperteilchen, Atome, Moleküle und alle Massen von Materie schwingen um den Kreis ihrer Natur.

Es gibt keine absolute Ruhe, kein Aufhören der Bewegung, und alle Bewegung hat Teil am Rhythmus. Das Gesetz ist von universaler Anwendungsmöglichkeit. Es kann auf jede Frage angewendet werden, auf alle Phänomene eines jeden der zahlreichen Lebensebenen. Es kann auf alle Phasen menschlicher Tätigkeit angewendet werden.

Es ist immer der rhythmische Schwung von einem Pol zum anderen. Das universale Pendel ist immer in Bewegung. Die Gezeiten des Lebens fluten ein und aus, in Übereinstimmung mit dem Gesetz.

Das Gesetz vom Rhythmus wird von der modernen Wissenschaft gut verstanden und auf materielle Dinge angewendet als universales Gesetz betrachtet. Die Hermetiker aber dehnen die Anwendung des Gesetzes viel weiter aus. Sie wissen, dass seine Manifestationen und sein Einfluss bis zu den mentalen Aktivitäten des Menschen reichen, dass dieses Gesetz die verwirrende Folge von Stimmungen oder Gefühlen und andere unangenehme und verblüffende Veränderungen, die wir an uns selbst wahrnehmen, erklärt.

Durch das Studium der Wirkungen dieses Gesetzes haben die Hermetiker gelernt, manchen seiner Wirkungen durch Transmutation zu entgehen.

Die hermetischen Meister haben schon vor langer Zeit entdeckt, dass, obwohl das Gesetz vom Rhythmus unveränderlich und in mentalen Phänomenen immer evident bleibt, es doch zwei Ebenen seiner Manifestationen gibt, soweit es mentale Phänomene betrifft. Sie wussten, dass es zwei Hauptebenen des Bewusstseins gibt, die niederen und die höheren. Das Verständnis dieser Tatsache befähigte sie, sich zur höheren Ebene zu erheben und so dem Schwung des rhythmischen Pendels zu entgehen, welcher sich auf der niederen Ebene manifestierte.

Mit anderen Worten, der Pendelschwung fand auf der unbewussten Ebene statt, und das Bewusstsein wurde nicht berührt. Dies nennen die Hermetiker das Gesetz der Neutralisation. Seine Wirksamkeit besteht darin, dass sich das Ich über die Schwingungen der unbewussten Ebenen mentaler Aktivität erhebt, so dass sich der negative Schwung des Pendels nicht im Bewusstsein manifestiert und so der Hermetiker nicht davon berührt wird.

Es ist dies ein Vorgang ähnlich dem, wenn man sich über ein Ding erhebt und es unter sich vorüberziehen lässt. Die hermetischen Meister oder fortgeschrittene Schüler polarisieren sich bis auf die gewünschte Position, und durch einen Vorgang ähnlich einer „Verweigerung" oder „Verneinung" des Rückschwungs und seines Einflusses auf sie selbst bleiben sie fest auf ihrer polarisierten Position stehen und lassen das Pendel auf der unbewussten Ebene zurückschwingen.

Alle Individuen, die einen gewissen Grad von Selbstbeherrschung erlangt haben, tun dies mehr oder weniger unwissentlich. Wenn sie ihren Stimmungen und negativen mentalen Zuständen nicht gestatten, sie zu beeinflussen, wenden sie das Gesetz der Neutralisation an. Der Meister jedoch erreicht in dieser Kunst einen viel höheren Grad der Vollkommenheit. Mithilfe seines Willens erlangt er einen Grad von Gleichgewicht und mentaler Festigkeit, der denen, die sich gestatten, von dem mentalen Pendel der Stimmungen und Gefühle vor- und zurückgeschwungen zu werden, fast unmöglich und unglaublich erscheint.

Jede denkende Person, die erkennt, dass die meisten Menschen ihren Stimmungen, Gefühlen und Gemütsbewegungen ausgeliefert sind und nur sehr geringe Selbstbeherrschung besitzen, wird die Wichtigkeit mentalen Gleichgewichts richtig einschätzen.

Wenn ihr kurze Zeit nachdenkt, werdet ihr erkennen, wie oft euch diese rhythmischen Schwünge in eurem Leben schon beeinflusst haben – wie einer Periode von Begeisterung unausbleiblich entgegengesetzte Gefühle und Niedergeschlagenheit folgten. Gleicherweise folgten euren mutigen Stimmungen Perioden der Furcht. Und so ist es mit den meisten Menschen immer gewesen – Gezeiten der Gefühle sind mit ihnen gestiegen und gefallen, ohne dass sie den Grund oder die Ursache der mentalen Phänomene auch nur vermutet hätten.

Ein Verständnis des Wirkens dieses Gesetzes wird uns den Schlüssel zur Herrschaft über diese rhythmischen Schwünge der Gefühle geben, wird uns befähigen, uns selbst besser zu kennen und zu vermeiden, von dem ewigen Ein- und Ausfluten mitgerissen zu werden.

Der Wille selbst ist den bewussten Manifestationen dieses Gesetzes überlegen, obwohl das Gesetz selbst niemals zerstört werden kann. Wir können seinen Wirkungen ausweichen, dessen ungeachtet aber wirkt das Gesetz. Das Pendel schwingt immer. Doch wir können vermeiden, dass es uns mit sich nimmt.

Es gibt noch andere Grundzüge der Wirksamkeit dieses Gesetzes vom Rhythmus, von denen wir jetzt sprechen wollen – das Gesetz der Kompensation. Eine der Bedeutungen des Wortes „Kompensation" ist „Ausgleich", und in diesem Sinne wird es von den Hermetikern auch angewendet. Auf das Gesetz der Kompensation bezieht sich das *Kybalion*, wenn es sagt:

> „Der Ausschlag des Pendels nach rechts
> ist das Maß für den Ausschlag nach links.
> Rhythmus gleicht aus."
>
> Das Kybalion

Das Gesetz der Kompensation besagt, dass der Schwung in eine Richtung den Schwung in die entgegengesetzte Richtung oder zum entgegengesetzten Pol bestimmt – der eine Schwung hält dem andern das Gleichgewicht.

Auf der physischen Ebene sehen wir viele Beispiele für dieses Gesetz. Der Glockenschwengel schwingt bis zu einem gewissen Abstand nach rechts und dann bis zum gleichen Abstand nach links aus. Die Jahreszeiten halten sich das Gleichgewicht. Die Gezeiten folgen demselben Gesetz. Und dasselbe Gesetz manifestiert sich in allen rhythmischen Phänomenen.

Das Pendel, das in einer Richtung kurz schwingt, kann auch in der anderen Richtung nur kurz schwingen. Während ein weiter Schwung nach rechts unabänderlich einen weiten Schwung nach links bedeutet. Ein Gegenstand, der zu einer gewissen Höhe geworfen wird, hat auf seinem Rückweg die gleiche Entfernung zurückzulegen. Die Kraft, mit der ein Geschoss eine Meile in die Höhe geschossen wurde, wird wieder hervorgebracht, wenn das Geschoss zur Erde zurückkehrt. Dieses Gesetz ist auf der physischen Ebene konstant, die höchsten Autoritäten bestätigen es.

Die Hermetiker gehen aber noch weiter. Sie lehren, dass die mentalen Zustände des Menschen demselben Gesetz unterworfen sind. Der Mensch, der sich stark freuen kann, kann auch stark leiden, während derjenige, der nur wenig Schmerz empfindet, auch nur geringer Freude fähig ist.

Das Schwein leidet nur wenig mental und freut sich auch nur wenig – es ist ausgeglichen. Andererseits aber gibt es Tiere, welche sich sehr freuen können, deren nervöser Organismus und sensibles Temperament ihnen große Schmerzensgrade verursachen.

So ist es auch beim Menschen. Es gibt Temperamente, welche nur ein geringes Maß an Freude zulassen und gleicherweise ein geringes Maß an Leiden. Und es gibt Temperamente, welche die intensivste Freude zulassen, aber auch den intensivsten Schmerz. Die Regel ist, dass in jedem Individuum die Fähigkeit für Schmerz und Freude ausgeglichen ist. Das Gesetz der Kompensation ist hier in voller Wirksamkeit.

Die Hermetiker lehren aber weiter, dass man, ehe man fähig wird, einen gewissen Grad von Freude zu genießen, vorher ebenso weit gegen den anderen Pol der Gefühle geschwungen haben muss. Sie halten daran fest, dass in dieser Sache das Negative dem Positiven vorausgeht. Das heißt, wenn man einen gewissen Grad von Freude empfindet, folgt nicht daraus, dass man (!) durch einen entsprechenden Grad von Schmerz noch „dafür bezahlen müsse".

Im Gegenteil, nach dem Gesetz der Kompensation ist die Freude der rhythmische Schwung, der einem vorhergegangenen Grad von Schmerz folgt, den man entweder in diesem Leben oder in einer früheren Inkarnation erfahren hat.

Das wirft ein neues Licht auf das Problem des Leidens.

Die Hermetiker betrachten die Kette der Leben als zusammenhängend. Sie glauben, dass eine Lebenszeit nur einen Teil eines ganzen Lebenszyklus' des Individuums bildet. Der rhythmische Schwung wird in dieses Modell eingebunden verstanden. Würde die Wahrheit der Reinkarnation nicht anerkannt, wäre das Gesetz der Kompensation ohne Sinn.

Aber die Hermetiker lehren, dass die Meister oder fortgeschrittenen Schüler fähig sind, durch den oben erwähnten Prozess der Neutralisation dem Schwung gegen den Pol des Leidens bis zu einem hohen Grad zu entgehen. Dadurch, dass sich das Ich auf eine höhere Ebene erhebt, vermeidet es viele Erfahrungen, die zu jenem kommen, der auf der niederen Ebene weilt.

Das Gesetz der Kompensation spielt eine wichtige Rolle im Leben von Männern und Frauen. Man wird bemerken, dass man im Allgemeinen den Preis zahlt für alles, das man besitzt oder nicht besitzt. Hat man ein Ding, so fehlt einem ein anderes – das Gleichgewicht ist auffallend.

Niemand kann gleichzeitig „sein Geld behalten und den Kuchen bekommen". Alles hat seine erfreulichen und seine unerfreulichen

Seiten. Die Dinge, die man erlangt, werden bezahlt durch Dinge, die man verliert.

Der Reiche besitzt viel, was dem Armen fehlt, während der Arme oft Dinge besitzt, die für den Reichen unerreichbar sind. Der Reiche mag eine starke Vorliebe für Leckereien besitzen. Er hätte auch die nötigen Mittel, um sich die besten Leckerbissen zu kaufen – allein es fehlt ihm an Gesundheit, um sie zu genießen. Er beneidet den Arbeiter um seinen Appetit und um seine gesunde Verdauung. Und dem Arbeiter fehlen der Reichtum und die Neigungen des Millionärs. Er hat an seinen einfachen Mahlzeiten vielleicht mehr Genuss, als der Reiche ihn erleben könnte, auch wenn sein Appetit besser und seine Verdauung nicht ruiniert wäre. Denn die Bedürfnisse, Gewohnheiten und Neigungen sind verschieden.

Und so ist es überall im Leben.

Das Gesetz der Kompensation ist immer wirksam, immer bestrebt auszugleichen und hat – mit der Zeit – immer Erfolg, wenn auch für den Rückschwung des rhythmischen Pendels mehrere Leben nötig sein mögen.

12 Kausalität

„Jede Ursache hat ihre Wirkung;
jede Wirkung hat ihre Ursache;
alles geschieht gesetzmäßig;
Zufall ist nur ein Name für ein unerkanntes Gesetz,
es gibt viele Ebenen der Ursachen,
aber nichts entgeht dem Gesetz."

Das Kybalion

Das sechste große hermetische Gesetz – das Gesetz von Ursache und Wirkung – ist ein Gesetz, das das ganze Universum durchdringt. Es enthält die Wahrheit, dass nichts durch Zufall geschieht. Dass Zufall nur ein Ausdruck ist, der eine Ursache anzeigt, welche wohl existiert, aber noch nicht erkannt oder noch nicht bemerkt wurde. Dass die Phänomene kontinuierlich, ohne Unterbrechung und ohne Ausnahme sind.

Das Gesetz von Ursache und Wirkung liegt allem wissenschaftlichen Denken – alt und modern – zugrunde, und wurde von den hermetischen Lehrern in den frühesten Tagen ausgesprochen. Seit dieser Zeit haben sich viele und verschiedenartige Dispute zwischen den zahlreichen Denkschulen erhoben. Diese Dispute behandeln hauptsächlich die Details der Wirksamkeit dieses Gesetzes und am häufigsten die Bedeutung gewisser Wörter.

Das zugrunde liegende Gesetz von Ursache und Wirkung ist praktisch von allen Denkern der Welt, die diesen Namen verdienen, als richtig angenommen worden. Anders zu denken, würde bedeuten, die Phänomene des Universums aus dem Reich von Gesetz und Ordnung zu nehmen und sie der Herrschaft eines imaginären Etwas auszuliefern, das die Menschen „Zufall" genannt haben.

Eine kurze Betrachtung wird allen zeigen, dass es so etwas wie reinen Zufall – im Sinne von etwas außerhalb des Gesetzes von Ursache und Wirkung – wirklich nicht geben kann!

Wie könnte es etwas geben, das unabhängig von Gesetzen, Ordnung und Zusammenhang im phänomenalen Universum wirkte? Ein solches Etwas wäre gänzlich unabhängig von der geordneten Richtung des Universums und deshalb über demselben stehend.

Wir können uns außer dem All nichts vorstellen, das außerhalb des Gesetzes stünde und dies nur deshalb, weil das All das Gesetz in sich selbst ist. Es ist kein Raum im Universum für etwas, das außerhalb des Gesetzes und unabhängig vom Gesetz besteht. Die Existenz eines solchen Etwas würde alle Naturgesetze unwirksam machen und das Universum in chaotische Unordnung und Gesetzlosigkeit stürzen.

Eine sorgfältige Untersuchung wird zeigen, dass das, was wir „Zufall" nennen, nur ein Ausdruck ist, der sich auf verborgene Ursachen bezieht. Auf Ursachen, die wir nicht wahrnehmen und nicht verstehen können.

Das Wort Zufall ist abgeleitet von „fallen" (wie das Fallen der Würfel). Dabei ist die Vorstellung maßgeblich, dass das Fallen der Würfel (und viele andere Ereignisse) nur zufällige Ereignisse ohne irgendeine Ursache seien. Und in diesem Sinne wird der Ausdruck Zufall im Allgemeinen angewendet.

Wenn man die Sache aber näher untersucht, erkennt man, dass auch beim Fallen der Würfel durchaus kein Zufall im Spiel ist. Jedes Mal, wenn ein Würfel fällt und eine gewisse Punktzahl zeigt, gehorcht er einem Gesetz, das ebenso unfehlbar ist wie das Gesetz, welches die Bewegung der Planeten um die Sonne beherrscht. Hinter dem Fallen des Würfels stehen Ursachen oder Ketten von Ursachen, die weiter zurückgehen, als das Bewusstsein folgen kann: die Lage des Würfels im Würfelbecher, die für den Wurf aufgewendete Menge von Muskelkraft, die Beschaffenheit des Tisches usw. All dies sind Ursachen, deren Wirkung man sehen kann.

Aber hinter diesen ersichtlichen Ursachen stehen Ketten von unsichtbaren, vorhergehenden Ursachen, welche alle einen Einfluss haben auf die Punktzahl, die geworfen wurde.

Nach genügend Würfen eines Würfels ergibt sich, dass die geworfenen Augenzahlen sich wiederholen, das heißt, es wird etwa die gleiche Anzahl von einem Punkt, zwei Punkten usw. geworfen. Wirft man eine Münze in die Luft, kommt sie entweder mit der Vorder- oder mit der Rückseite zu liegen. Wirft man die Münze oft genug, dann kommt die Vorderseite ungefähr gleich oft nach oben zu liegen wie die Rückseite. Dies ist die Auswirkung des Gesetzes vom Durchschnitt.

Aber sowohl der Durchschnitt als auch der einzelne Wurf folgen dem Gesetz von Ursache und Wirkung. Wenn wir imstande wären, alle vorhergehenden Ursachen zu untersuchen, würden wir klar sehen, dass es für den Würfel einfach unmöglich war, unter denselben Umständen und zur selben Zeit anders zu fallen, als er gefallen ist. Aus den gleichen gegebenen Ursachen folgen die gleichen Resultate.

Bei jedem Ereignis gibt es eine Ursache und einen Grund. Nichts geschieht je zufällig ohne Ursache oder vielmehr ohne eine Kette von Ursachen.

Im Bewusstsein vieler entstand eine gewisse Verwirrung, wenn sie dieses Gesetz studierten, und zwar deshalb, weil sie sich nicht erklären konnten, wie ein Ding ein anderes Ding verursachen könne – das heißt wie eines der Schöpfer eines anderen sein könne. In der Tat, kein „Ding" verursacht oder „schafft" je ein anderes. Ursache und Wirkung gibt es nur bei „Ereignissen". Ein „Ereignis" aber ist das, was als Ergebnis oder Folge eines vorangegangenen Ereignisses kommt oder geschieht.

Kein Ereignis „schafft" ein anderes Ereignis, es ist nur ein vorangehendes Glied in der großen Kette von Ereignissen, die aus der schöpferischen Energie des Alls flutet. Zwischen allen vorangehenden, folgenden und nachfolgenden Ereignissen besteht ein Zusammenhang. Zwischen allem, was vorhergegangen ist, und allem, was folgt, besteht eine Beziehung. Ein Stein löst sich von einem Bergabhang und bricht durch das Dach einer Hütte, die unten im Tal steht. Auf den ersten Blick betrachten wir dies als eine Zufallswirkung. Wenn wir aber die Sache prüfen, finden wir eine lange Kette von Ursachen.

Vorerst war der Regen da, der die Erde erweichte, welche den Stein trug, und ihn so fallen ließ. Auch gab es den Einfluss der Sonne, neuen Regen usw., welcher nach und nach dieses Felsstück von seinem Zusammenhang mit einem größeren Felsen lockerte. Auch haben bestimmte Ursachen zur Formation des Gebirges geführt, zu seiner Aufwölbung durch Erschütterungen der Natur und so fort ... ad infinitum.

Dann könnten wir die Ursachen zurückverfolgen, die hinter dem Regen stehen. Dann könnten wir die Beschaffenheit des Dachs betrachten. Kurz, wir würden uns bald in ein Netz von Ursachen und Wirkungen verstrickt finden, aus dem wir uns bald zu befreien suchten.

Ebenso wie ein Mensch zwei Eltern, vier Großeltern, acht Urgroßeltern, sechzehn Ururgroßeltern hat und so fort bis mit 40 Generationen gerechnet die Anzahl der Vorfahren in die Millionen geht, so ist es auch mit der Anzahl der Ursachen, die noch hinter dem unbedeutendsten Ereignis der Phänomene stehen.

Wie beispielsweise das Vorüberfliegen eines kleinen Stäubchens Ruß vor euren Augen. Es wäre keine leichte Aufgabe, das Teilchen Ruß zurückzuverfolgen bis in die Frühperiode der Weltgeschichte, da es einen Teil eines starken Baumstammes bildete, welcher später in Kohle umgewandelt wurde und so weiter, bis es als das Rußteilchen an eurem Blick vorüberfliegt auf seinem Weg in neue Abenteuer.

Eine mächtige Kette von Ereignissen, Ursachen und Wirkungen brachte es zu seiner gegenwärtigen Beschaffenheit. Und letztere ist nur eines aus der ganzen Kette von Ereignissen, welche nach Hunderten von Jahren andere Ereignisse hervorbringen wird.

Das Niederschreiben dieser Zeilen war eines der Ereignisse, die von dem Rußteilchen ihren Ausgang nahmen, was wieder den Schriftsetzer veranlasste, eine gewisse Arbeit zu vollbringen, ebenso den Leser der Korrekturbogen. Es wird gewisse Gedanken in eurem Bewusstsein und in dem Bewusstsein anderer erwecken, diese Gedanken werden andere beeinflussen, und so weiter, und weiter als die Geisteskräfte des Menschen die Wirkungen verfolgen können. Und dies alles kommt daher, dass ein kleines Rußteilchen vor euren Augen vorbeigeflogen ist.

Dies alles zeigt die Relativität und die Assoziationen der Dinge und auch die Tatsache, dass „es im Bewusstsein, das alles verursacht, nichts Großes und nichts Kleines gibt."

Haltet nun einen Augenblick ein, um nachzudenken. Wäre nicht vor grauen Zeiten, in der Steinzeit, ein gewisser Mann einem gewissen Mädchen begegnet, ihr, die ihr diese Zeilen lest, wäret nicht hier. Und wenn dasselbe Paar sich nicht getroffen hätte, wären vielleicht auch wir, die wir nun diese Zeilen schreiben, nicht hier.

Ja, auch dieser Akt des Schreibens – unsererseits – und der Akt des Lesens – euerseits – wird nicht nur unser beziehungsweise euer Leben beeinflussen, sondern hat auch einen direkten oder einen indirekten Einfluss auf viele andere Menschen, die jetzt leben und die in künftigen Zeiten leben werden. Jeder Gedanke, den wir denken, jede Tat, die wir vollbringen, hat ihre direkten und indirekten Ergebnisse, welche in die große Kette von Ursache und Wirkung passen.

Aus verschiedenen Gründen wollen wir in diesem Werk die Frage „Freier Wille oder Vorherbestimmung" nicht erörtern. Unter vielen Gründen ist der Hauptgrund der, dass weder das eine noch das andere ganz richtig ist. Tatsächlich ist beides teilweise richtig, in Übereinstimmung mit den hermetischen Lehren.

Das Gesetz der Polarität zeigt uns, dass beide nur Halbwahrheiten sind, die entgegengesetzten Pole der Wahrheit. Die Lehren gehen dahin, dass ein Mensch frei und doch durch Notwendigkeit gebunden sein kann. Es hängt von der Bedeutung der Ausdrücke ab und von der Höhe der Wahrheit, von der aus die Angelegenheit betrachtet wird.

Die alten Schriftsteller drücken dies so aus:

„Je weiter die Schöpfung vom Mittelpunkt entfernt ist, desto mehr ist sie gebunden. Je mehr sie sich dem Mittelpunkt nähert, desto freier wird sie."

Die meisten Menschen sind mehr oder weniger Sklaven der Vererbung, ihrer Umgebung usw. und zeigen nur sehr wenig Freiheit. Sie werden von den Meinungen, Gewohnheiten und Gedanken der äußeren Welt gesteuert. Sie manifestieren keine Meisterschaft, die diesen Namen wirklich verdient hätte. Sie weisen diese Behauptung unwillig zurück, indem sie sagen: „Ganz sicherlich bin ich frei zu handeln und zu tun, was mir beliebt – ich tue gerade das, was ich zu tun wünsche."

Dabei unterlassen sie es aber, uns zu erklären, woher dieses „Wünschen" und dieses „was mir beliebt" kommt. Was lässt sie „wünschen", ein Ding lieber zu tun als ein anderes? Was lässt sie „belieben", dies zu tun und nicht jenes? Gibt es für ihr „Belieben" und ihr „Wünschen" kein „weil"?

Der Meister kann dieses „Belieben" und „Wünschen" in anderes, an dem entgegengesetzten Ende des mentalen Pols angesiedeltes umwandeln. Er kann „wollen zu wollen" (!), statt nur zu wollen, weil irgendein Gefühl, eine Stimmung, eine Gefühlsbewegung oder eine Suggestion aus der Umgebung in ihm die Neigung oder den Wunsch weckt, so zu handeln.

Die meisten Leute lassen sich treiben wie ein fallender Stein, der Umgebung, äußerlichen Einflüssen und inneren Stimmungen, Wünschen usw. gehorchend, gar nicht zu reden von den Wünschen und dem Willen anderer, stärkerer als sie selbst, von Vererbung, Umgebung, Suggestion. Das alles treibt sie weiter, ohne dass sie Widerstand leisten oder ihren Willen ausüben. Sie werden herumgerückt wie Spielfiguren am Brettspiel des Lebens, spielen ihre Rolle und werden beiseite gelegt, wenn das Spiel vorbei ist.

Die Meister aber kennen die Spielregeln. Sie erheben sich über die Ebene des materiellen Lebens und setzen sich mit den höheren Mächten ihrer Natur in Verbindung. Sie beherrschen ihre eigenen Stimmungen, Charaktere, Eigenschaften und ihre Polarität ebenso gut wie ihre ganze Umgebung und werden so – anstatt Spielfiguren zu bleiben – Spieler im Brettspiel des Lebens, Ursachen statt Wirkungen.

Die Meister entgehen der Kausalität der höheren Ebenen nicht, aber sie stimmen mit den höheren Gesetzen überein und beherrschen so die Bedingungen der niederen Ebene. Sie bilden dadurch einen Teil des Gesetzes, anstatt nur blinde Werkzeuge zu sein. Während sie auf den höheren Ebenen dienen, herrschen sie auf der materiellen Ebene.

Das Gesetz aber ist immer am Werke, auf den höheren wie auf den niederen Ebenen. Die blinde Göttin wurde von der Vernunft abgesetzt. Mit unseren Augen, die durch Wissen klar geworden sind, erkennen wir nun, dass alles durch das universale Gesetz beherrscht wird, dass die unendliche Zahl von Gesetzen nur Manifestationen des einen großen Gesetzes sind – des Gesetzes, welches das All ist.

Es ist wirklich wahr, dass kein Sperling vom Dach fällt, ohne dass dies vom Bewusstsein des Alls bemerkt würde – dass sogar die Haare auf unserem Haupt gezählt sind, wie die Schriften sagen. Es gibt nichts außerhalb des Gesetzes und nichts geschieht im Gegensatz zum Gesetz. Macht aber nicht den Fehler, zu glauben, der Mensch sei ein blinder Automat – das wäre weit gefehlt. Die hermetischen Lehren gehen dahin, dass der Mensch das Gesetz anwenden kann, um die Gesetze zu überwältigen. Dass das Höhere immer die Oberhand über das Niedere hat, bis der Mensch endlich seine Zuflucht im Gesetz selbst sucht und für die phänomenalen Gesetze nur ein verächtliches Lächeln übrig hat.

Könnt ihr die innere Bedeutung dieser Lehre erfassen?

13 Geschlecht

> „Geschlecht ist in allem;
> alles hat sein männliches und
> sein weibliches Gesetz in sich;
> Geschlecht offenbart sich auf allen Ebenen."
>
> Das Kybalion

Das siebente große hermetische Gesetz vom Geschlecht enthält die Wahrheit, die sich in allem Geschlecht manifestiert. Dass das männliche und das weibliche Prinzip in allen Phasen der Phänomene, auf allen und jeden Lebensebenen immer gegenwärtig und aktiv sind.

Bei dieser Gelegenheit halten wir es für angebracht, auch darauf aufmerksam zu machen, dass Geschlecht in seiner hermetischen Bedeutung und Sexualität in der gewöhnlichen Anwendung des Ausdrucks nicht dasselbe sind.

Das Wort Geschlecht (lat. *genus*) ist verwandt mit „zeugen, erzeugen, schaffen, hervorbringen, schöpfen". Das Wort hat eine viel weitere und allgemeinere Bedeutung als der Ausdruck Sexualität. Letzterer bezieht sich auf die physischen Unterschiede zwischen männlichen und weiblichen Lebewesen. Sexualität ist nur eine Manifestation von Geschlecht auf einer bestimmten Ebene der großen physischen Ebenen – der Ebene des organischen Lebens.

Wir wollen diesen Unterschied zwischen Geschlecht und Sexualität eurem Bewusstsein deshalb gut einprägen, weil gewisse Schriftsteller, die eine oberflächliche Kenntnis hermetischer Philosophie erlangt haben, versuchen, dieses siebte hermetische Gesetz mit wilden, phantastischen, oft tadelnswerten Theorien und Lehren über die Sexualität gleichzusetzen.

Die Aufgabe des Geschlechts ist aber zu schaffen, hervorzubringen usw. Seine Manifestationen sind auf jeder Ebene von Phänomenen sichtbar.

Es ist einigermaßen schwierig, wissenschaftliche Beweise für diese Behauptung zu erbringen, weil die Wissenschaft noch nicht anerkannt hat, dass dieses Gesetz universal anwendbar ist. Einige Beweise kommen aber doch aus wissenschaftlichen Quellen. In erster Linie finden wir eine deutliche Manifestation dieses Gesetzes bei den Teilchen, Ionen und Elektronen, welche die Grundlage der Materie bilden, wie sie die Wissenschaft jetzt kennt und die durch das Gefüge gewisser Kombinationen das Atom formen, welches bis vor kurzem für endgültig unteilbar angesehen wurde.

Das letzte Wort der Wissenschaft ist, dass das Atom aus einer großen Menge von Teilchen, Elektronen oder Ionen (verschiedene Namen werden verwendet) zusammengesetzt ist, welche umeinander kreisen und in hohem Grad und hoher Intensität schwingen.

Es wird aber auch festgestellt, dass das Atom seine Entstehung dem Umstand verdankt, dass negative Elektronen sich um ein positives Elektron anhäufen. Die positiven Elektronen scheinen einen gewissen Einfluss auf die negativen auszuüben, scheinen sie zu veranlassen, gewisse Kombinationen einzugehen und so ein Atom zu „schaffen". Dies stimmt mit den ältesten hermetischen Lehren überein, welche immer das männliche Gesetz mit dem „positiven" und das weibliche Gesetz mit dem (sogenannten) „negativen" Pol der Elektrizität identifiziert haben.

Noch ein Wort über diese Identifizierung. Die öffentliche Meinung hat sich eine ganz irrtümliche Ansicht über die Eigenschaften des sogenannten negativen Pols von elektrifizierter oder magnetisierter Materie gebildet. Die Ausdrücke positiv und negativ werden von der Wissenschaft auf diese Phänomene ganz falsch angewendet: Das Wort positiv bedeute etwas Reales und Starkes, im Gegensatz zu einer negativen Unrealität oder Schwäche.

Nichts liegt dem wahren Sachverhalt bei elektrischen Phänomenen ferner. Der sogenannte negative Pol der Batterie ist in Wahrheit derjenige Pol, in welchem und durch welchen die Generation oder Schaffung neuer Formen und Energien erst manifestiert wird. Es ist nichts „Negatives" an ihm. Die besten wissenschaftlichen Autoritäten gebrauchen jetzt das Wort „Kathode" anstelle von „negativ". „Kathode" kommt aus dem Griechischen und bedeutet „Abstammung", „Pfad der Erschaffung" usw.

Vom Kathoden-Pol schwärmen die Elektronen aus, von ihm gehen die wundervollen „Strahlen" aus, welche die wissenschaftlichen Anschauungen während des letzten Jahrzehnts revolutioniert haben. Die Kathode ist die Mutter all der seltsamen Phänomene, welche die alten Lehrbücher außer Gebrauch setzten und welche die Ursache waren, dass viele lang angenommene Theorien in den Papierkorb wissenschaftlicher Spekulationen verwiesen wurden.

Die Kathode oder der negative Pol ist das mütterliche Gesetz der elektrischen Phänomene und der feinsten Formen von Materie, die bis jetzt der Wissenschaft bekannt sind. Ihr seht also, dass wir wohl berechtigt sind, bei unserer Betrachtung des Gegenstandes den Ausdruck „negativ" zurückzuweisen und diesen durch den alten Ausdruck „weiblich" zu ersetzen. Die Tatsachen selbst unterstützen uns darin, ohne dass wir die hermetischen Lehren in Betracht ziehen müssten. Wenn wir also von diesem Pol der Aktivität in unseren Ausführungen sprechen, gebrauchen wir das Wort „weiblich" statt „negativ".

Die letzten wissenschaftlichen Lehren gehen dahin, dass die schöpferischen Elektronen weiblich sind. (Die Wissenschaft sagt, sie seien „aus negativer Elektrizität zusammengesetzt". Wir sagen, sie seien „aus weiblicher Energie zusammengesetzt".) Ein weibliches Elektron wird von einem männlichen Elektron abgesondert oder vielmehr verlässt es dieses und beginnt eine neue Laufbahn. Es sucht aktiv eine Vereinigung mit einem männlichen Elektron; es wird dazu von dem natürlichen Impuls, neue Formen von Materie oder Energie zu schaffen, angetrieben.

Ein Schriftsteller geht so weit, dies so auszudrücken: *„Es sucht auf einmal nach seinem eigenen Wollen eine Vereinigung."* Dieses Loslösen und Vereinigen bildet die Grundlage für den größeren Teil der Aktivitäten der chemischen Welt.

Wenn sich das weibliche Elektron mit einem männlichen Elektron vereinigt, hat ein gewisser Prozess begonnen. Das weibliche Teilchen schwingt unter dem Einfluss der männlichen Energie sehr rasch und kreist um das männliche Teilchen. Das Ergebnis ist die Geburt eines neuen Atoms. Dieses neue Atom wird tatsächlich aus der Vereinigung des männlichen und des weiblichen Elektrons gebildet. Wenn die Vereinigung vollzogen ist, ist das Atom ein Ding für sich mit gewissen Eigenschaften. Aber die Eigenschaft der freien Elektrizität manifestiert es nicht länger. Der Prozess der Loslösung oder Trennung der weiblichen Elektronen wird „Ionisierung" genannt. Diese Elektronen sind die tätigsten Arbeiter in der Natur. Aus ihren Vereinigungen oder Kombinationen hervorgehend manifestieren sich die verschiedenen Phänomene von Licht, Wärme, Elektrizität, Magnetismus, Anziehung, Abstoßung, chemischer Affinität und deren Gegenteil und ähnliches. All dies geht aus der Wirksamkeit des Gesetzes vom Geschlecht hervor.

Die Aufgabe des männlichen Gesetzes scheint darin zu liegen, eine gewisse angebotene Energie auf das weibliche Gesetz zu richten und so den Schöpfungsvorgang in Tätigkeit umzusetzen. Das weibliche Gesetz ist aber immer dasjenige, welches das aktive schöpferische Werk vollbringt, und so ist es auf allen Ebenen.

Und doch, kein Gesetz ist ohne Beistand des anderen Gesetzes wirksamer Energie fähig. In manchen Lebensformen sind die beiden Gesetze in einem Organismus vereinigt. Was dies betrifft, alles in der organischen Welt manifestiert beide Geschlechter: In der männlichen Form ist immer auch das weibliche Gesetz gegenwärtig, und in der weiblichen Form immer auch das männliche Gesetz.

Die hermetischen Lehren enthalten viel über die Wirksamkeit der beiden Geschlechts-Gesetze bei der Hervorbringung und Manifestation von verschiedenen Energieformen usw. Wir halten es aber nicht für angezeigt, hinsichtlich dieser Lehren jetzt schon ins Detail zu gehen, weil wir unsere Behauptungen nicht durch wissenschaftliche Beweise erhärten können, aus dem einfachen Grund, weil die Wissenschaft noch nicht so weit fortgeschritten ist.

Das Beispiel aber, das wir euch von den Phänomenen der Elektronen gegeben haben, zeigt euch, dass die Wissenschaft auf dem richtigen Weg ist. Es wird euch auch eine allgemeine Vorstellung von den zugrunde liegenden Gesetzen vermitteln.

Manche führenden wissenschaftlichen Forscher haben ihre Ansicht verkündet, dass in der Kristallbildung etwas zu finden ist, das mit „Geschlechtsaktivität" übereinstimmt. Das ist wieder ein Zeichen, aus welcher Richtung der wissenschaftliche Wind bläst. Und jedes Jahr bringt neue Tatsachen, welche die Richtigkeit des hermetischen Gesetzes vom Geschlecht bestätigen. Man wird erkennen, dass Geschlecht im Bereich der anorganischen Materie in konstanter Wirksamkeit und Manifestation ist, ebenso wie auch im Bereich von Energie oder Kraft. Elektrizität wird jetzt allgemein als das „Etwas" angesehen, in welchem alle anderen Energieformen verschmelzen oder sich aufzulösen scheinen.

Die „elektrische Theorie vom Universum" ist die letzte wissenschaftliche Lehre, wird rasch populär und allgemein angenommen. Und so folgt daraus, dass wir, sofern wir fähig sind, im Phänomen der Elektrizität an ihrer Wurzel und an der Quelle ihrer Manifestation einen klaren, unverkennbaren Beweis für das Vorhandensein des Geschlechts und seiner Aktivitäten zu erkennen, auch berechtigt sind, von euch den Glauben zu verlangen, dass die Wissenschaft zuletzt Beweise angeboten hat für das Vorhandensein dieses großen hermetischen Gesetzes in allen universalen Phänomenen.

Es ist nicht nötig, eure Zeit zur Besprechung der wohlbekannten Phänomene wie „Anziehung und Abstoßung" der Atome, chemische Affinität, Anziehung oder Kohäsion zwischen den Molekülen der Materie in Anspruch zu nehmen. Diese Tatsachen sind zu gut bekannt, als dass sie einer weiteren Erklärung bedürften.

Aber habt ihr je bedacht, dass all diese Tatsachen Manifestationen des Gesetzes vom Geschlecht sind? Könnt ihr sehen, dass diese Phänomene mit den Phänomenen der Elektronen übereinstimmen? Und mehr noch, könnt ihr die Vernunftmäßigkeit der hermetischen Lehren erkennen, welche behaupten, dass sogar das Gesetz der Gravitation – diese seltsame Anziehungskraft, durch welche alle materiellen Teilchen und Körper im Universum zueinander streben – auch nur eine Manifestation des Gesetzes des Geschlechts ist, welches in der Richtung wirkt, dass männliche Energien zu den weiblichen Energien ziehen und umgekehrt.

Wir können euch jetzt keinen wissenschaftlichen Beweis dafür anbieten! Prüft aber das Phänomen im Licht der darauf bezüglichen hermetischen Lehren und seht, ob ihr damit nicht eine besser funktionierende Hypothese habt, als sie die physikalische Wissenschaft bis jetzt bieten konnte. Ihr könnt alle physikalischen Phänomene der Prüfung unterwerfen, immer lässt sich darin das Gesetz des Geschlechts ausmachen.

Lasst uns nun zu einer Betrachtung der Wirksamkeit des Gesetzes auf der mentalen Ebene übergehen.

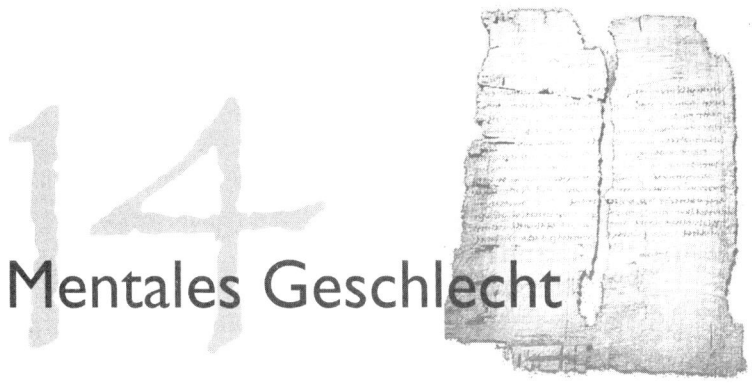

Mentales Geschlecht

Die Beharrlichkeit der Dual-Bewusstseins-Idee, welche sich während der letzten zehn oder fünfzehn Jahre so stark geäußert hat und eine Anzahl von einleuchtenden Theorien über die Natur und Konstitution dieser beiden Bewusstseine zur Folge hatte, fällt jedem Schüler der Psychologie auf, der die moderne Denkrichtung betreffend mentaler Phänomene verfolgt hat.

Thomson J. Hudson erlangte durch die Veröffentlichung seiner Theorie vom „objektiven und subjektiven Bewusstsein", welche er als in jedem Individuum vorhanden annahm, schon 1893 große Popularität. Andere Schriftsteller haben fast ebenso viel Aufmerksamkeit erregt durch ihre Theorien vom „bewussten und unterbewussten Bewusstsein", vom „willkürlichen und unwillkürlichen Bewusstsein", vom „aktiven und passiven Bewusstsein" usw. Die Theorien der verschiedenen Schriftsteller weichen in vielem voneinander ab, aber es bleibt das allen zugrunde liegende Gesetz vom „Dualismus des Bewusstseins".

Der Schüler der hermetischen Philosophie ist versucht zu lächeln, wenn er von diesen zahlreichen „Theorien" vom Dualismus des Bewusstseins liest und hört. Jede Philosophie hält zäh an ihren eigenen Theorien fest und behauptet, sie habe die Wahrheit entdeckt. Schüler blättern zurück im Buch der geheimen Geschichte und finden in den dunklen Anfängen der Lehren der Eingeweihten Hinweise auf den althermetischen Lehrsatz vom Geschlechts-Gesetz auf der mentalen Ebene – auf die Manifestation des mentalen Geschlechts.

Und wer weiter forscht, findet auch, dass die alte Philosophie vom Phänomen des dualen Bewusstseins Kenntnis hatte. Dies wird bezeugt durch ihre Theorie vom mentalen Geschlecht. Diese Vorstellung vom mentalen Geschlecht soll in wenigen Worten für jene Schüler erläutert werden, welche mit den eben erwähnten modernen Theorien vertraut sind.

Das männliche Gesetz des Bewusstseins entspricht dem sogenannten objektiven Bewusstsein, bewussten Bewusstsein, willkürlichen Bewusstsein, aktiven Bewusstsein usw. Und das weibliche Gesetz des Bewusstseins entspricht dem sogenannten subjektiven Bewusstsein, unterbewussten Bewusstsein, unwillkürlichen Bewusstsein, passiven Bewusstsein usw. Natürlicherweise stimmen die hermetischen Lehren mit den zahlreichen modernen Theorien über die Natur der beiden Phasen des Bewusstseins nicht überein. Auch lassen sie viele von den Tatsachen, die für die beiden Aspekte beansprucht werden, nicht gelten.

Manche der erwähnten Theorien und Forderungen sind weit hergeholt und können einer Prüfung durch Experiment und Beweisführung nicht standhalten. Wir weisen auf die übereinstimmenden Phasen nur deshalb hin, um den Schülern zu helfen, ihr früher erworbenes Wissen leichter mit den Lehren der hermetischen Philosophie zu assimilieren.

Schüler von Hudson werden die Feststellung am Beginn des zweiten Kapitels seines Werks *„Das Gesetz der physischen Phänomene"* bemerken. Doch der mystische Jargon der hermetischen Philosophen offenbart dieselbe allgemeine Idee: die Dualität des Bewusstseins.

Hätte Dr. Hudson Zeit und Mühe nicht gescheut, einiges aus diesem „mystischen Jargon der hermetischen Philosophen" zu entziffern, so hätte er manche Erleuchtung über das „dunkle Bewusstsein" gehabt. Aber dann wäre vielleicht sein interessantes Werk nie geschrieben worden.

Betrachten wir nun die hermetischen Lehren vom mentalen Geschlecht.

Die hermetischen Lehren erteilen ihre Unterweisung über diesen Gegenstand, indem sie ihre Schüler auffordern, die Berichte des Bewusstseins von ihrem eigenen Selbst zu prüfen. Die Schüler werden aufgefordert, ihre Aufmerksamkeit nach innen, auf das ihnen innewohnende Selbst, zu richten.

Jeder Schüler wird angeleitet zu sehen, dass sein Bewusstsein ihm vorerst vom Vorhandensein seines Selbst berichtet – es sagt ihm: *„Ich bin"*.

Auf den ersten Blick scheinen uns dies die endgültigen Worte des Bewusstseins zu sein. Eine weitere Untersuchung aber offenbart die Tatsache, dass dieses „Ich bin" in zwei Teile oder Aspekte gespalten werden kann, welche im Bewusstsein getrennt werden können, obwohl sie im Einklang und in Verbindung wirken.

Vorerst erscheint es uns, als ob nur ein „Ich" existiert. Wenn wir aber sorgfältiger und genauer zusehen, entdecken wir die Tatsache, dass ein „Ich" und ein „Mich" existiert.
Diese mentalen Zwillinge unterscheiden sich in ihren charakteristischen Merkmalen und in ihrer Natur. Eine Untersuchung ihrer Natur und der Phänomene, die aus ihr hervorgehen, wird auf viele Probleme vom mentalen Einfluss Licht werfen.

Beginnen wir mit der Betrachtung des „Mich", das von den Schülern meist fälschlich für das „Ich" gehalten wird, ehe sie in die versteckten Winkel des Bewusstseins vordringen. Ein Mensch denkt sich sein „Selbst" (in seinem Aspekt des „Mich"), zusammengesetzt aus gewissen Gefühlen, Zuneigungen, Abneigungen, Gewohnheiten, besonderen Verpflichtungen, charakteristischen Merkmalen, Geschmacksrichtungen usw., welche alle zusammen die Persönlichkeit ausmachen oder das Selbst, wie es ihm selbst und anderen bekannt ist.

Er weiß, dass sich diese Gemütsbewegungen und Gefühle ändern, geboren werden und absterben; dabei dem Gesetz des Rhythmus unterworfen sind und dem Gesetz der Polarität, welche den Menschen von einem Gefühlsextrem zum anderen tragen.

Er denkt sich sein „Mich" auch als eine gewisse Menge von Wissen, das in seinem Bewusstsein gesammelt wurde und so einen Teil seines Selbst bildet. Dies ist das „Mich" eines Menschen. Aber wir sind zu rasch vorgegangen.

Vom „Mich" vieler Menschen kann gesagt werden, es bestehe größtenteils aus dem Bewusstsein des Körpers und der physischen Gelüste usw. Ihr Bewusstsein ist zum größten Teil an ihre körperliche Natur gebunden, praktisch „leben sie hier".
Manche Menschen gehen sogar so weit, ihre persönlichen Kleidungsstücke als einen Teil ihres „Mich" anzusehen. Sie scheinen sie wirklich als einen Teil ihres „Selbst" zu betrachten.

Ein Schriftsteller hat humorvoll geschrieben: „Der Mensch besteht aus drei Teilen – Seele, Leib und Kleider." Diese „kleiderbewussten Leute" würden ihre Persönlichkeit verlieren, wenn sie gelegentlich von Wilden ihrer Kleider beraubt würden.

Aber auch viele, die nicht so eng an die Idee ihrer persönlichen Kleidung gebunden sind, haften an der Vorstellung, ihre Körper seien ihr „Mich". Ein Selbst, unabhängig vom Körper, können sie nicht begreifen. Ihr Bewusstsein scheint ihnen wirklich ein „Etwas" zu sein, das zu ihrem Körper gehört – was oft wirklich der Fall ist.

Wenn sich der Mensch aber zu höherem Bewusstsein erhebt, wird er fähig, sein „Mich" von der Idee des Körpers loszulösen und von seinem Körper als zum mentalen Teil des Körpers „gehörend" zu denken. Aber auch dann noch ist er nur zu sehr geneigt, das „Mich" gänzlich mit den mentalen Zuständen, Gefühlen usw., welche er in sich existieren fühlt, zu identifizieren. Er ist sehr geneigt, diese internen Zustände als identisch mit sich selbst zu betrachten – anstatt als das, was sie sind: einfach „Dinge", die zwar durch einen gewissen Teil seiner Mentalität hervorgebracht wurden und in sich existieren, aber doch nicht er selbst.

Er sieht, dass er durch eine Willensanstrengung diese internen Gefühlszustände verändern kann, dass er einen dem vorigen ganz entgegengesetzten Zustand oder ein Gefühl auf dieselbe Weise hervorbringen kann und dass doch dasselbe „Mich" existiert. Und so wird er nach einiger Zeit fähig, diese verschiedenen mentalen Zustände, Gemütsbewegungen, Gefühle, Gewohnheiten, Eigenschaften, charakteristischen Merkmale und andere persönliche mentale Zugehörigkeiten beiseite zu stellen in die „Nicht-Mich"-Sammlung von Seltenheiten und Lasten wie auch von kostbaren Besitztümern.

Dies erfordert seitens der Schüler viel mentale Konzentration und die Macht mentaler Analyse. Für fortgeschrittene Schüler ist es aber doch möglich, die Aufgabe zu lösen. Und jene, die nicht so weit fortgeschritten sind, können sich doch wenigstens vorstellen, wie der Prozess ausgeführt wird.

Wenn sie diesen Prozess des „Beiseite-Stellens" ausgeführt haben, finden sich diese Schüler im bewussten Besitz eines „Selbst", welches in den dualen Aspekten des „Ich" und des „Mich" betrachtet werden kann. Das „Mich" spüren sie als ein mentales Etwas, in welchem Gedanken, Ideen, Gemütsbewegungen, Gefühle und andere mentale Zustände hervorgebracht werden. Es kann als der „mentale mütterliche Schoß" – wie es die Alten nannten – angesehen werden, der fähig ist, mentale Nachkommenschaft zu erzeugen.

Dies erscheint dem Bewusstsein als „Mich" mit der latenten Kraft, Nachkommen aller Art hervorzubringen. Seine Kräfte schöpferischer Energie werden als enorm gefühlt. Aber doch scheint dem Bewusstsein deutlich zu werden, dass es irgendeine Form von Energie erhalten muss, sei es von seinem eigenen „Ich"-Gefährten oder von einem anderen „Ich", ehe es seine mentalen Schöpfungen ins Dasein bringen kann.

Dieses Bewusstsein bringt die Verwirklichung einer enormen Fähigkeit für mentale Arbeit und schöpferische Begabung mit sich.

Aber Schüler erkennen bald, dass dies noch nicht alles ist, was sie in ihrem inneren Bewusstsein finden. Sie erkennen, dass ein mentales Etwas existiert, das fähig ist, zu wollen, dass das „Mich" nach gewissen schöpferischen Richtlinien wirkt, das aber auch fähig ist, abseits stehend der mentalen Schöpfung beizuwohnen. Schüler werden gelehrt, diesen Teil ihres Selbst ihr „Ich" zu nennen. In ihrem Bewusstsein können sie nach eigenem Willen ruhen.

Sie finden hier nicht das Bewusstsein, eine Fähigkeit zu erzeugen und aktiv zu schaffen, im Sinne des stufenweisen Prozesses, der mentales Wirken begleitet, sondern vielmehr das Gefühl und das Bewusstsein einer Fähigkeit, eine Energie vom „Ich" auf das „Mich" zu projizieren – einen Prozess des „Wollens", dass die mentale Schöpfung beginne und ausgeführt werde.

Sie finden, dass das „Ich" abseits stehen und dem Wirken der mentalen Schöpfung und Erzeugung des „Mich" zusehen kann. Dieser duale Aspekt ist im Bewusstsein jeder Person verankert. Das „Ich" vertritt das männliche Gesetz – das „Mich" das weibliche Gesetz des mentalen Geschlechts.

Das „Ich" stellt den Aspekt des „Seins" dar, das „Mich" den Aspekt des „Werdens". Ihr werdet bemerken, dass das Gesetz der Entsprechung auf dieser Ebene ebenso wirkt wie auf der großen Ebene, auf der die Erschaffung von Universen vollzogen wird.

Die beiden sind der Art nach gleich, aber im Grad sehr verschieden. „Wie oben, so unten, wie unten, so oben." Diese beiden Aspekte des Bewusstseins – das männliche und das weibliche Gesetz, das „Ich" und das „Mich" – verleihen in Verbindung mit den wohl bekannten mentalen und psychischen Phänomenen betrachtet den Meisterschlüssel zu den wenig erforschten Regionen mentaler Wirksamkeit und Manifestation.

Das Gesetz vom mentalen Geschlecht bringt die Wahrheit, die den Gebieten der Erscheinungen mentalen Einflusses usw. zugrunde liegt. Die Tendenz des weiblichen Gesetzes geht immer dahin, Eindrücke zu empfangen; die Tendenz des männlichen Gesetzes geht immer dahin, auszugeben, sich zu äußern.

Das weibliche Gesetz leitet das Werk der Erzeugung neuer Gedanken, Entwürfe, Ideen, das Wirken der Phantasie mit inbegriffen. Das männliche Gesetz bescheidet sich mit dem Wirken des „Wollens" in seinen verschiedenen Phasen.

Ohne die aktive Hilfe des Willens des männlichen Gesetzes ist aber das weibliche Gesetz geneigt, sich mit der Hervorbringung mentaler Bilder zufriedenzugeben, welche das Ergebnis von Eindrücken sind, die es von außen erhalten hat, statt originale mentale Schöpfungen hervorzubringen.

Personen, welche ihre Aufmerksamkeit und ihre Gedanken andauernd auf einen Gegenstand richten können, wenden beide mentalen Gesetze an – das weibliche Gesetz durch aktive mentale Erzeugung, den männlichen Willen dadurch, dass er den schöpferischen Teil des Bewusstseins anspornt und Energie an ihn abgibt.

Die meisten Menschen machen vom männlichen Gesetz nur wenig Gebrauch; sie geben sich damit zufrieden, nach den Gedanken und Ideen zu leben, die ihrem eigenen „Mich" vom „Ich" anderer Bewusstseine eingeflößt wurden. Wir wollen aber nicht länger bei diesem Gegenstand verweilen. Mithilfe des Schlüssels, den wir euch betreffs des mentalen Geschlechts an die Hand gegeben haben, kann dieser Gegenstand aus jedem guten Lehrbuch der Psychologie studiert werden.

Schülern, die psychische Phänomene studieren, fallen die wunderbaren Phänomene auf, die unter den Namen Telepathie oder Gedanken-Übertragung, mentale Beeinflussung, Suggestion, Hypnotismus usw. fallen. Viele haben diese verschiedenen Phasen der Phänomene durch die Theorien zu erklären versucht, die von den verschiedenen Lehrern des „dualen Bewusstseins" aufgestellt worden sind.

Und in gewisser Hinsicht haben sie Recht, denn in all diesen Phänomenen kann man die Manifestation zweier verschiedener Phasen mentaler Aktivität erkennen. Wenn aber die Schüler dieses „duale Bewusstsein" im Licht der hermetischen Lehren über Schwingungen und mentales Geschlecht betrachten, so werden sie sehen, dass sie den lang gesuchten Schlüssel in Händen haben.

Bei den Phänomenen der Telepathie erkennt man, wie die schwingende Energie des männlichen Gesetzes einer Person auf das weibliche Gesetz einer anderen Person projiziert wird. Letztere übernimmt die Gedankensaat und lässt sie in sich reifen. Auf die gleiche Weise wirken Suggestion und Hypnotismus. Das männliche Gesetz der suggerierenden Person richtet seine Schwingungsenergie oder Willenskraft auf das weibliche Gesetz einer anderen Person. Letztere nimmt diese Energie auf, macht sie zu ihrer eigenen und handelt und denkt damit übereinstimmend. Eine Idee, die sich so im Bewusstsein einer anderen Person eingenistet hat, wächst und entwickelt sich und wird mit der Zeit als der rechtmäßig mentale Nachkomme des Individuums angesehen.

In Wirklichkeit aber ist sie dem Kuckucksei gleich, das in das Sperlingsnest gelegt wird und hier die rechtmäßige Nachkommenschaft vernichtet und sich häuslich niederlässt. Normalerweise kooperieren das männliche und das weibliche Gesetz im Bewusstsein des Menschen. Sie handeln harmonisch in Verbindung miteinander. Unglücklicherweise aber ist das männliche Gesetz des Durchschnittsmenschen zu träge, um zu handeln – die Willenskraft ist zu wenig entwickelt. Die Folge davon ist, dass solche Menschen fast gänzlich vom Bewusstsein und Willen anderer Menschen beherrscht werden, welchen sie erlauben, für sie zu denken und zu wollen.

Wie wenig originale Gedanken werden vom Durchschnittsmenschen gedacht, wie wenig originale Handlungen vollbringt er!

Sind nicht die meisten Menschen die bloßen Schatten und Echos anderer, die einen stärkeren Willen und Bewusstsein als sie selbst besitzen? Und das kommt daher, dass der Durchschnittsmensch fast ausschließlich in seinem „Mich"-Bewusstsein weilt und gar nicht erkennt, dass er auch ein „Ich" hat. Er ist in seinem weiblichen Gesetz polarisiert, und das männliche Gesetz, in welchem der Wille wohnt, bleibt untätig und ungenutzt.

Die starken Männer und Frauen der Welt manifestieren unabänderlich das männliche Gesetz des Willens, und ihre Kraft hängt wesentlich von dieser Tatsache ab. Statt nach den Eindrücken zu leben, die andere auf ihr Bewusstsein machen, beherrschen sie ihr eigenes Bewusstsein durch ihren Willen, erlangen so die erwünschte Art mentaler Bilder und beherrschen überdies noch das Bewusstsein anderer.

Seht auf die starken Menschen, wie sie ihre Gedankensaat in das Bewusstsein der Massen säen und dadurch die Massen zwingen, nach dem Wunsch und Willen der Starken zu denken.

Aus diesem Grund sind die Volksmassen Schafherden ähnliche Geschöpfe, die niemals eine originale Idee haben, die niemals ihre eigene Macht mentaler Aktivität gebrauchen.

Die Manifestation des mentalen Geschlechts kann man überall im täglichen Leben beobachten. Charismatische Personen sind solche, welche ihr männliches Gesetz dazu anwenden können, ihre Ideen anderen Personen einzuprägen. Der Schauspieler, der die Zuschauer zu Tränen rührt, wendet dieses Gesetz an.

Und so ist es auch mit dem erfolgreichen Redner, Staatsmann, Prediger, Schriftsteller und mit anderen Menschen, die öffentliche Aufmerksamkeit erregen. Der eigentümliche Einfluss, den manche Menschen auf andere ausüben, kommt von der Manifestation des mentalen Geschlechts nach den oben erwähnten Schwingungslinien. In diesem Gesetz liegt das Geheimnis des persönlichen Magnetismus, persönlichen

Einflusses und Zaubers usw., ebenso wie auch der Phänomene, die man allgemein mit dem Namen Hypnose bezeichnet.

Schüler, die mit den Phänomenen vertraut sind, von denen man allgemein als von „psychischen Phänomenen" spricht, werden schon entdeckt haben, was für eine wichtige Rolle bei den erwähnten Phänomenen jene Kraft spielt, welche die Wissenschaft „Suggestion" genannt hat.

Unter Suggestion sind der Prozess oder die Methoden zu verstehen, wodurch eine Idee auf das Bewusstsein eines anderen Menschen „übertragen" oder dieses Bewusstsein „eingeprägt" wird veranlasst wird, in Übereinstimmung mit dieser Idee zu handeln. Um die verschiedenen psychischen Phänomene, denen Suggestion zugrunde liegt, zu begreifen, ist es notwendig, die Suggestion genau zu verstehen.

Außerdem aber sind Kenntnisse über Schwingungen und über mentales Geschlecht unerlässlich. Denn das ganze Gesetz von der Suggestion hängt von dem Gesetz vom mentalen Geschlecht und von den Schwingungen ab.

Bei den Schriftstellern und Lehrern über Suggestion ist es der Brauch, zu erklären, es sei das „objektive oder willkürliche" Bewusstsein, welches den mentalen Eindruck oder die Suggestion auf das subjektive oder unwillkürliche Bewusstsein ausübt. Sie geben aber keine Beschreibung des Vorgangs, auch keine Analogie in der Natur, durch die wir die Idee leichter erfassen könnten.

Wenn ihr aber die Angelegenheit im Lichte der hermetischen Lehren überdenkt, werdet ihr erkennen, dass die Übertragung der Schwingungsenergie des männlichen Gesetzes auf das weibliche Gesetz in Übereinstimmung mit den universalen Naturgesetzen existiert und dass die Natur zahllose Analogien liefert, welche uns das Gesetz leichter verstehen lassen.

Die hermetischen Lehren zeigen uns in der Tat, dass auch die Erschaffung des Universums demselben Gesetz folgt, dass in allen schöpferischen Manifestationen – auf den spirituellen, mentalen und physischen Ebenen – immer dieses Gesetz vom Geschlecht wirksam ist. Gemeint ist die Manifestation des männlichen und des weiblichen Gesetzes: „Wie oben, so unten; wie unten, so oben."

Und mehr noch, wenn dieses Gesetz vom mentalen Geschlecht einmal erfasst und verstanden wurde, dann können die verschiedenen psychologischen Phänomene auf einmal verständnisvoll klassifiziert und studiert werden, anstatt wie bisher im Dunkeln zu bleiben.

Das Gesetz „wirkt sich auch in der Praxis aus", weil es auf den unveränderlichen universalen Gesetzen des Lebens beruht. Wir werden nun aber nicht auf eine breite Erörterung oder Beschreibung der verschiedenen Phänomene mentalen Einflusses oder psychischer Aktivität eingehen. In den letzten Jahren wurden viele Bücher über diesen Gegenstand geschrieben und veröffentlicht, und viele davon sind gut.

In diesen verschiedenen Büchern sind die Tatsachen der Hauptsache nach richtig dargestellt, allerdings haben die Schriftsteller versucht, die Phänomene durch ihre eigenen kleinlichen Theorien zu erklären.

Schüler sollten sich mit der Materie bekannt machen. Wenn sie die Theorie vom mentalen Geschlecht anwenden, können sie auch in das Chaos widersprechender Theorien und Lehren Ordnung bringen – und sich überdies, wenn sie wollen, zum Meister des Gegenstandes machen.

Zweck dieses Werkes ist es nicht, weitläufige Schilderungen von psychischen Phänomenen zu geben, sondern vielmehr, den Schülern einen Meisterschlüssel auszuhändigen, mit dem sie zahlreiche Tore öffnen können, die in jene Teile des Weisheitstempels führen, welche sie zu erforschen wünschen.

Wir hoffen, dass man in dieser Betrachtung der Lehren des *Kybalion* eine Erklärung finden wird, die viele verblüffende Schwierigkeiten erhellen wird – einen Schlüssel, der viele Tore öffnen wird. Vorausgesetzt, dass wir den Schülern die Mittel verleihen, durch die sie sich mit jeder Phase des Gegenstandes, die sie interessiert, vertraut machen können. Wozu sollten wir noch alle Einzelheiten psychischer Phänomene und mentaler Wissenschaft eingehend besprechen?

Mithilfe des *Kybalion* können wir alle geheimen Bücher von neuem durchgehen, und das alte Licht Ägyptens wird viele dunkle Seiten und unklare Stellen erhellen.

Wir sind nicht gekommen, um eine neue Philosophie darzulegen. Wir wollen euch nur die Umrisse einer großen, weltalten Lehre geben, welche die Lehren der anderen erklären wird und welche eine große Versöhnerin und Vermittlerin unter den verschiedenen Theorien und entgegengesetzten Lehren sein wird.

15 Hermetische Axiome

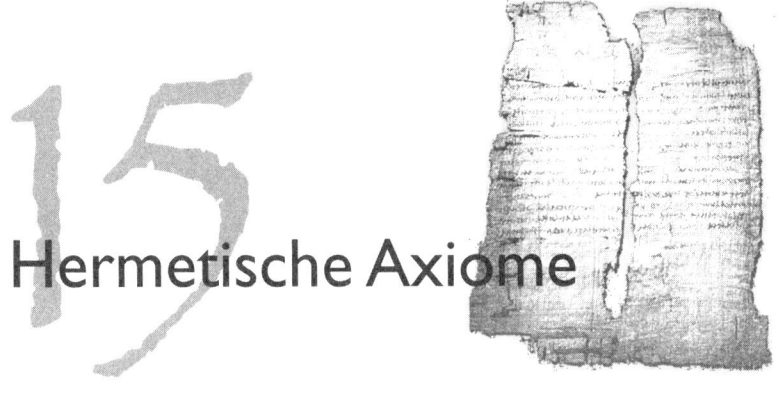

„Der Besitz von Wissen,
wenn er nicht tätig zu Ausdruck und Handlung
kommt, ist gleich dem Aufhäufen kostbarer Metalle
ein nutzloses und törichtes Ding. Wissen ist wie
Reichtum dazu bestimmt, gebraucht zu werden.
Dieses Gesetz der Anwendung ist universal,
und derjenige, der es verletzt,
leidet durch seinen Konflikt mit den Naturkräften."

Das Kybalion

Die hermetischen Lehren, die aus bereits erwähnten Gründen zu allen Zeiten im Bewusstsein ihrer glücklichen Besitzer sicher verschlossen blieben, waren niemals dazu bestimmt, nur aufgehäuft und geheim gehalten zu werden.

Das Gesetz der Anwendung ist in den Lehren enthalten, wie man aus obigem Zitat aus dem *Kybalion* sehen kann, wo dieses Gesetz deutlich ausgesprochen wird. Wissen ohne Anwendung und Ausdruck ist ein nutzloses Ding, das seinem Besitzer und der Menschheit nichts Gutes bringt. Hütet euch vor mentalem Geiz! Setzt das, was ihr gelernt habt, in die Tat um! Studiert die Axiome und Aphorismen, aber wendet sie auch an!

Wir listen hier einige der wichtigeren hermetischen Axiome aus dem *Kybalion* auf und fügen jedem einige erläuternde Worte bei. Macht sie euch zu eigen, übt sie, wendet sie an, denn sie sind nicht eher wirklich euer eigen, bis ihr sie auch angewendet habt.

> *„Um eure Stimmung oder euren mentalen Zustand zu ändern, ändert eure Schwingung."*
>
> Das Kybalion

Man kann seine mentalen Schwingungen durch eine Willensanstrengung ändern, indem man seine Aufmerksamkeit mit Bedacht auf den (gewünschten) Zustand fixiert. Der Wille lenkt die Aufmerksamkeit, und die Aufmerksamkeit ändert die Schwingung.

Pflegt die Kunst der Aufmerksamkeit mithilfe des Willens, und ihr habt das Geheimnis des Meisterns der Stimmungen und mentalen Zustände gelöst.

> *„Um ein unerwünschtes Maß mentaler Schwingung zu beseitigen, lasse das Gesetz der Polarität wirken und konzentriere dich auf den Pol, der dem, was du unterdrücken willst, entgegengesetzt ist. Ertöte das Unerwünschte, indem du seine Polarität änderst."*
>
> Das Kybalion

Das ist eine der wichtigsten hermetischen Formeln. Sie beruht auf wahren wissenschaftlichen Gesetzen. Wir haben euch gezeigt, dass ein mentaler Zustand und der diesem entgegengesetzte Zustand nur zwei

Pole desselben Dings sind, und dass durch mentale Transmutation die Polarität umgekehrt werden kann.

Dieses Gesetz ist den modernen Psychologen bekannt. Sie wenden es an, wenn sie unerwünschte Gewohnheiten ausmerzen wollen und ihre Schüler anweisen, sich auf die entgegengesetzte Eigenschaft zu konzentrieren. Wenn ihr von Furcht gequält seid, so verschwendet nicht die Zeit durch Versuche, die Furcht „zu ertöten". Pflegt vielmehr voller Konzentration die Eigenschaft des Mutes, und die Furcht wird verschwinden.

Manche Schriftsteller haben diese Idee durch folgendes Beispiel zu erläutern gesucht: Um einen dunklen Raum zu erhellen, muss man nicht die Dunkelheit hinausschaufeln oder hinauskehren. Es genügt, die Fensterläden zu öffnen und das Licht hereinzulassen, und die Dunkelheit wird verschwinden.

Um eine negative Eigenschaft zu ertöten, konzentriere man sich auf den positiven Pol derselben Eigenschaft, dann werden die Schwingungen allmählich aus dem Negativen ins Positive übergehen und schließlich wird man auf den positiven statt auf den negativen Pol polarisiert sein.

Die Umkehrung ist ebenso wahr, wie schon viele zu ihrem Leidwesen erfahren haben, wenn sie sich erlaubten, zu lange auf dem negativen Pol der Dinge zu schwingen. Durch Veränderung seiner Polarität kann man seine Stimmungen meistern, seine mentalen Zustände ändern, seine Neigungen bessern und seinen Charakter bilden.

Die fortgeschrittenen Hermetiker verdanken einen Großteil ihrer mentalen Meisterschaft der Anwendung der Polarität, welche einer der wichtigsten Aspekte mentaler Transmutation ist.

Erinnert euch des (schon früher) zitierten hermetischen Axioms, welches sagt:

> „Bewusstsein (ebenso wie Metalle und Elemente) kann
> von Zustand zu Zustand umgewandelt werden;
> von Grad zu Grad; von Beschaffenheit
> zu Beschaffenheit; von Pol zu Pol;
> von Schwingung zu Schwingung."

Das Kybalion

Die Beherrschung der Polarisation ist die Beherrschung der fundamentalen Gesetze mentaler Transmutation oder mentaler Alchimie. Denn wenn man nicht die Kunst erlangt, seine eigene Polarität zu verändern, wie soll man imstande sein, seine Umgebung zu beeinflussen?

Wenn man dieses Gesetz versteht, kann man seine eigene Polarität ebenso wie die Polarität anderer ändern, wenn man nur die nötige Zeit, Sorgfalt, Übung und das nötige Studium aufwendet, diese Kunst zu beherrschen. Das Gesetz ist wahr. Die erzielten Resultate aber hängen ab von der beharrlichen Geduld und Übung des Schülers.

> „Rhythmus kann
> durch die Anwendung der Kunst der Polarisation
> neutralisiert werden."

Das Kybalion

Wie wir schon in den vorhergehenden Kapiteln erklärt haben, sind die Hermetiker der Ansicht, dass das Gesetz vom Rhythmus sich auf der mentalen Ebene manifestiert, ebenso wie auf der physischen Ebene und dass das verwirrende Nacheinander von Stimmungen, Gefühlen, Gemütsbewegungen und anderen mentalen Zuständen eine Folge des Vorwärts- und Rückwärtsschwingens des mentalen Pendels ist, welches uns von einem Gefühlsextrem zum anderen trägt.

Die Hermetiker lehren auch, dass die Kraft der Neutralisation uns weitgehend befähigt, die Wirkung des Rhythmus im Bewusstsein zu überwältigen. Wie wir schon erklärt haben, gibt es außer der gewöhnlichen niederen Ebene auch eine höhere Bewusstseinsebene.

Indem sich der Meister mental auf die höhere Bewusstseinsebene erhebt, lässt er den Schwung des mentalen Pendels auf der niederen Ebene sich auswirken, während er auf der höheren Ebene weilt und so das Bewusstwerden des Rückwärtsschwunges vermeidet.

Dies wird dadurch erreicht, dass sich der Meister auf sein höheres Selbst polarisiert und so die mentalen Schwingungen des Egos über die Schwingungen der gewöhnlichen Bewusstseinsebene erhebt. Es ist dies ein Vorgang ähnlich dem, wenn man sich über ein Ding erhebt und es unter sich vorbeiziehen lässt. Der fortgeschrittene Hermetiker polarisiert sich in den positiven Pol seines Wesens – in den „Ich bin"-Pol, nicht in den Pol der Persönlichkeit. Er „verweigert" und „verwehrt" die Wirksamkeit des Rhythmus, erhebt sich über dessen Bewusstseinsebene, steht fest in seinem eigenen Wesensstandpunkt und lässt das Pendel auf der niederen Ebene zurückschwingen, ohne seine Polarität zu verändern.

So gehen alle Individuen vor, die irgendeinen Grad von Selbstbeherrschung erreicht haben, ob sie das Gesetz verstehen oder nicht. Solche Personen „weigern sich" einfach, vom Pendel der Stimmungen und Gemütsbewegungen zurückgeschwungen zu werden. Sie behaupten ihre Überlegenheit standhaft und bleiben dadurch auf dem positiven Pol polarisiert.

Natürlich erlangt der Meister einen weit höheren Grad von Fertigkeit, weil er das Gesetz kennt, das er durch ein höheres Gesetz bezwingt. Durch den Gebrauch seines Willens erreicht er einen Grad der Ruhe und mentalen Festigkeit, der für denjenigen kaum glaublich erscheint, der sich vom mentalen Pendel der Stimmungen und Gefühle vor- und zurückschwingen lässt.

Vergesst aber nie, dass ihr das Gesetz des Rhythmus nicht wirklich aufhebt, denn dieses ist unzerstörbar. Ihr überwältigt einfach ein Gesetz, indem ihr es durch ein anderes ausgleicht und so das Gleichgewicht haltet.

Die Gesetze des Gleichgewichts sind auf den mentalen Ebenen ebenso wirksam wie auf den physischen. Wer diese Gesetze versteht, kann wohl den Eindruck erwecken, als ob er Gesetze außer Kraft setzen könne, tatsächlich aber stellt er nur das Gleichgewicht dar.

> „Nichts entgeht dem Gesetz von Ursache und Wirkung, aber es gibt viele Ebenen der Kausalität, und man kann die Gesetze der höheren Ebenen anwenden, um die Gesetze der niederen Ebenen zu überwinden."
>
> Das Kybalion

Die Hermetiker verstehen es, die Polarisation auszuführen, sie erheben sich zu einer höheren Kausalitätsebene und gleichen so die Gesetze der niederen Kausalitätsebene aus. Dadurch, dass sie sich über die Ebene der gewöhnlichen Ursachen erheben, werden sie in einem gewissen Grad selbst Ursachen, anstatt den Ursachen nur unterworfen zu sein.

Dadurch, dass sie fähig sind, ihre eigenen Stimmungen und Gefühle zu beherrschen und den Rhythmus zu neutralisieren, können sie einem Großteil der Wirkungen der Kausalität der gewöhnlichen Ebene ausweichen.

Die Menschenmassen werden getragen, gehorchen ihrer Umgebung, dem Willen und Wunsch anderer, Stärkerer als sie selbst, den Ergebnissen ererbter Neigungen, der Suggestion jener, die über ihnen stehen und noch manchen anderen äußeren Ursachen. Und von all diesen Ursachen lassen sie sich gleich Spielfiguren auf dem Schachbrett des Lebens hin- und herschieben.

Die fortgeschrittenen Hermetiker aber erheben sich über diese Einflüsse und suchen eine höhere mentale Aktionsebene. Dadurch, dass sie ihre Stimmungen, Gemütsbewegungen, Impulse und Gefühle beherrschen, schaffen sie für sich selbst einen neuen Charakter, neue Eigenschaften und Kräfte, durch welche sie ihre gewöhnliche Umgebung überwinden, und so praktisch Spieler statt Spielfiguren werden.

Solche Menschen helfen, das Spiel des Lebens verständig zu spielen, statt dass sie sich von stärkeren Kräften und Willen und Einflüssen hin- und herschieben lassen.

Sie gebrauchen das Gesetz von Ursache und Wirkung, anstatt von ihm gebraucht zu werden. Freilich sind auch die Erhabensten dem Gesetz, wie es sich auf den höheren Ebenen manifestiert, unterworfen, aber auf den niederen Aktivitätsebenen sind sie Meister, nicht Sklaven.

> „Die Weisen dienen auf dem Höheren,
> aber sie herrschen auf dem Niederen.
> Sie gehorchen den Gesetzen, die von oben kommen,
> aber auf ihrer eigenen Ebene und auf den Ebenen
> unter ihnen herrschen und befehlen sie.
> Und doch, wenn sie dies tun, widersprechen sie nicht
> dem Gesetz, sondern bilden einen Teil des Gesetzes.
> Der Weise macht sich das Gesetz zu eigen, dadurch,
> dass er es versteht, bedient er sich des Gesetzes,
> statt sein blinder Sklave zu sein.
> Wie ein gewandter Schwimmer, der sich hin und her
> wendet, wie er will, im Gegensatz steht zu einem
> Stück Holz, das der Strömung folgen muss,
> so steht der Weise im Gegensatz zum gewöhnlichen
> Menschen – und doch, Schwimmer und Holzklotz,
> sie alle sind dem Gesetz untertan. Wer dies versteht,
> ist weit auf dem Pfad der Meisterschaft."
>
> *Das Kybalion*

Zum Schluss wollen wir eure Aufmerksamkeit wieder auf das hermetische Axiom lenken:

> *„Wahre hermetische Transmutation*
> *ist eine mentale Kunst."*
>
> Das Kybalion

In diesem Axiom lehren die Hermetiker, dass das große Werk, seine Umgebung zu beeinflussen, durch mentale Macht vollbracht wird.

Da das Universum mental ist, kann es nur durch Mentalität beherrscht werden. Und in dieser Wahrheit kann eine Erklärung liegen für all die Phänomene und Manifestationen der verschiedenen mentalen Kräfte, welche seit den ersten Jahren des 20. Jahrhunderts so viel Aufmerksamkeit erregt haben.

Hinter und unter den Lehren der verschiedenen Richtungen und Schulen aber bleibt das Gesetz von der mentalen Substanz des Universums immer konstant. Wenn das Universum in seiner substantiellen Natur mental ist, so folgt daraus, dass mentale Transmutation die Bedingungen und Phänomene des Universums verändern muss.

Wenn das Universum mental ist, dann muss Bewusstsein die höchste Macht sein, die auf seine Phänomene einwirkt. Wenn dies verstanden wird, dann werden all die sogenannten „Wunder" und „Wundertaten" klar als das gesehen, was sie sind.

> *„Das All ist Bewusstsein;*
> *das Universum ist mental."*
>
> Das Kybalion

Zitatensammlung des ursprünglichen Kybalion

Dies ist eine „Destillation" des ursprünglichen *Kybalion*. Folgende Zitate finden sich in diesem hier vorliegenden Werk wieder:

> „Wohin die Schritte der Meister fallen,
> da öffnen sich weit die Ohren derjenigen,
> die bereit sind für ihre Lehre."

> „Wenn die Ohren des Schülers bereit sind zu hören,
> dann kommen die Lippen,
> sie mit Weisheit zu füllen."

> „Die Lippen der Weisheit sind verschlossen,
> ausgenommen für die Ohren des Verstehens."

> „Der Gesetze der Wahrheit sind sieben;
> derjenige, der sie kennt und versteht,
> besitzt den Meisterschlüssel, durch dessen Berührung
> alle Tore des Tempels sich öffnen."

> „Das All ist Bewusstsein; das Universum ist mental."

> „Alles ist zweifach, alles hat Pole; alles hat seine
> zwei Gegensätze; Gleich und Ungleich ist dasselbe.
> Gegensätze sind ihrer Natur nach identisch,
> nur im Grad verschieden; Extreme begegnen einander;
> alle Wahrheiten sind nur Halbwahrheiten; alle Paradoxa
> können in Übereinstimmung gebraucht werden."

„Alles fließt aus und ein; alles hat seine Gezeiten;
alles hebt sich und fällt,
der Schwung des Pendels äußert sich in allem;
der Ausschlag des Pendels nach rechts
ist das Maß für den Ausschlag nach links;
Rhythmus gleicht aus."

„Jede Ursache hat ihre Wirkung;
jede Wirkung hat ihre Ursache;
alles geschieht gesetzmäßig;
Zufall ist nur ein Name für ein unerkanntes Gesetz,
es gibt viele Ebenen der Ursachen,
aber nichts entgeht dem Gesetz."

„Geschlecht ist in allem; alles hat sein männliches
und sein weibliches Gesetz in sich;
Geschlecht offenbart sich auf allen Ebenen."

„Bewusstsein (ebenso gut wie Metalle und Elemente)
kann von Zustand zu Zustand umgewandelt
werden, von Grad zu Grad, von Beschaffenheit
zu Beschaffenheit; von Pol zu Pol; von Schwingung
zu Schwingung."

„Wahre hermetische Transmutation
ist eine mentale Kunst."

„Unter und hinter dem Universum von Zeit,
Raum und Wechsel kann man die substantielle
Wirklichkeit, die fundamentale Wahrheit finden."

„Das, was die fundamentale Wahrheit ist
– die wesentliche Wirklichkeit –
steht über allen Namen,
die weisen Männer aber nennen es das All."

„In seinem Wesen ist das All unerkennbar."

„Der Bericht der Vernunft
aber muss gastlich empfangen
und mit Achtung behandelt werden."

„Das All schafft in seinem unendlichen Bewusstsein
zahllose Universen, die durch Äonen bestehen
– und doch, für das All ist Erschaffung,
Entfaltung, Verfall und
Tod von Millionen Universen
nicht länger als ein Augenblick."

„Das unendliche Bewusstsein des Alls
ist der Schoß der Universen."

„Im Vater-Mutter-Bewusstsein
sind sterbliche Kinder daheim."

„Es gibt niemanden im Universum,
der vaterlos oder mutterlos wäre."

Wenn Halbweise die verhältnismäßige Unwirklichkeit
des Universums sehen, bilden sie sich ein,
den Gesetzen des Universums trotzen zu können
– das sind aber eitle, anmaßende Narren,
die an den Felsen zerschellen und von den Elementen
wegen ihrer Narrheit zerrissen werden.
Der wahrhaft Weise, der die Natur des Universums
kennt, gebraucht das Gesetz gegen die Gesetze,
das Höhere gegen das Niedere;
durch die Kunst der Alchemie verwandelt er das
Unerwünschte in das Wertvolle und triumphiert so.
Meisterschaft besteht nicht in abnormalen Träumen,
Visionen, phantastischen Einbildungen oder
abnormaler Lebensweise, sondern darin,
dass man den Mühsalen der niederen Ebenen
durch höhere Schwingungen ausweicht.
Transmutation, nicht anmaßende Verneinung
ist die Waffe des Meisters."

„Das All in allem.
Da alles im All ist, ist es gleicherweise wahr,
dass das All in allem ist. Dem, der diese Wahrheit
wirklich versteht, ist große Weisheit zuteil geworden."

„Wie oben, so unten,
wie unten, so oben."

„Nichts ruht;
alles bewegt sich; alles schwingt."

„Wer das Gesetz der Schwingung versteht,
hat das Zepter der Macht erlangt."

„Der Besitz von Wissen,
wenn er nicht tätig zu Ausdruck und
Handlung kommt, ist gleich dem Aufhäufen
kostbarer Metalle ein nutzloses und törichtes Ding.
Wissen ist wie Reichtum dazu bestimmt,
gebraucht zu werden. Dieses Gesetz der Anwendung
ist universal, und derjenige, der es verletzt,
leidet durch seinen Konflikt mit den Naturkräften."

„Um eure Stimmung oder
euren mentalen Zustand zu ändern,
ändert eure Schwingung."

„Um ein unerwünschtes Maß
mentaler Schwingung zu beseitigen,
lasse das Gesetz der Polarität wirken
und konzentriere dich auf den Pol, der dem,
was du unterdrücken willst, entgegengesetzt ist.
Ertöte das Unerwünschte,
indem du seine Polarität änderst."

„Rhythmus kann durch die Anwendung
der Kunst der Polarisation
neutralisiert werden."

„Nichts entgeht dem Gesetz von Ursache und Wirkung,
aber es gibt viele Ebenen der Kausalität, und
man kann die Gesetze der höheren Ebenen anwenden,
um die Gesetze der niederen Ebenen zu überwinden."

„Die Weisen dienen auf dem Höheren,
aber sie herrschen auf dem Niederen.
Sie gehorchen den Gesetzen, die von oben kommen,
aber auf ihrer eigenen Ebene und auf den Ebenen
unter ihnen herrschen und befehlen sie. Und doch,
wenn sie dies tun, widersprechen sie nicht dem Gesetz,
sondern bilden einen Teil des Gesetzes.
Der Weise macht sich das Gesetz zu eigen, dadurch,
dass er es versteht, bedient er sich des Gesetzes,
statt sein blinder Sklave zu sein.
Wie ein gewandter Schwimmer, der sich hin und her
wendet, wie er will, im Gegensatz steht zu einem
Stück Holz, das der Strömung folgen muss,
so steht der Weise im Gegensatz zum gewöhnlichen
Menschen – und doch, Schwimmer und Holzklotz,
sie alle sind dem Gesetz untertan.
Wer dies versteht, ist weit auf dem Pfad
der Meisterschaft."

Nachwort

Wir sehen in diesen Worten eine unfassbare Tiefe an Erkenntnis, und aufmerksamen Lesern wird sicher nun einiges verständlicher sein.

Nun zu den Aussagen im Vorwort, die auf die „*New-Thought*-Bewegung" oder auch Neugeistlehren des letzten Jahrhunderts und deren Einfluss auf die reine Lehre der Hermetik in diesem Werk verweisen.

Die Kernaussagen der Neugeistlehren, die sich aus einer Mischung aus reiner Hermetik und christlichem Gedankengut zusammensetzen, lassen sich in folgenden Punkten zusammenfassen:

- Das (bildhafte) Denken ist eine schöpferische Macht. Diese hat den steten Drang nach Verwirklichung und Materialisierung. Durch kraftvolles Denken lassen sich die irdischen Verhältnisse nachhaltig ändern, da die materielle (irdische) Existenzebene aus geistigen Quellen gespeist wird. Eine Veränderung der geistigen Ursachen hat darum ganz automatisch eine entsprechende Veränderung der Materie, der Realität, zur Folge (Primat des Geistes).

- Im Prinzip kann jedermann Wunder und metaphysische Heilungen bewirken. Voraussetzung ist das Befolgen der geistigen Gesetze.

- Alles und jeder ist mit allem und jedem im Kosmos auf geistigem Weg verbunden. Trennung ist ebenso eine Illusion wie die Zeit. Denn im göttlichen Wesen ist alles gegenwärtig.

- Gott ist reine Liebe, universelle Kraft und zugleich die höchste Ebene des Bewusstseins. Gott ist überpersönlich und frei von Eigenschaften. Alle Wesen haben Teil am göttlichen Wesen. Alles – auch rein Materielles – ist geistigen Ursprungs: Die Welt ist eine „Spiegelung des Geistes". Die Schöpfung (Wesenheiten und Dinge) und Gott (die schöpferische Kraft) sind eins. Ein Mensch, der seine geistigen Fähigkeiten gebraucht, wirkt gemeinsam mit der göttlichen Natur, der alles möglich ist.

- Positive Ursachen haben positive Wirkungen zur Folge, negative Impulse ziehen entsprechend negative Umstände nach sich. Ein Missbrauch der schöpferischen Fähigkeiten zieht Schaden nach sich. Wer anderen Übles will, bekommt selbst Übles zu spüren. Nur wer im positiven, aufbauenden Geist agiert, befindet sich im Einklang mit dem Kosmos. Seine Kräfte werden potenziert und kommen als segensreiche Wirkung zurück.

- Gesundheit, Wohlstand und Glück sind das Geburtsrecht eines jeden Menschen. Armut, Krankheit und Leid sind keine Tugenden, sondern Ausdruck eines Mangel-Bewusstseins. Eine grundlegende Änderung im Denken und Glauben hat automatisch eine Änderung der Lebensverhältnisse zur Folge.

Der Mensch ist demnach das, was er denkt und glaubt. Ein Wandel im Denken und Glauben bewirkt somit auch einen Wandel der äußeren Umstände, denn zwischen Geist und Materie besteht eine Wechselwirkung. Die Neugeistlehre geht von dem Ansatz aus, dass nachhaltig schlechte Lebensbedingungen ihre Ursache nur in hartnäckigen Überzeugungen haben. Die materialistische Weltsicht bejaht zwar eine Auswirkung negativer Lebensumstände auf das Gemüt, nicht jedoch umgekehrt.

Näher betrachtet, scheinen dies sehr wertvolle Grundsätze zu sein. Es handelt sich nicht um reine Hermetik, sondern diese Philosophie der Neugeistlehre ist mit christlichem Gedankengut gemischt. Das muss nichts Negatives sein und wir müssen es auch nicht bewerten.

Denn auch die ursprüngliche Lehre des Christentums war bis zur Zensur durch das Konzil von Nicäa (325 n. Chr.) und später das zweite Konzil von Konstantinopel (553 n. Chr.) noch sehr hermetisch/gnostisch geprägt. Und manche sehen in der Lehre Jesu eine göttliche Offenbarung oder ein neueres Abbild von der weit älteren Lehre der Hermetik. Ein Abbild einer Wahrheit, die schon so oft in verschiedensten Kulturen in verschiedenste weise Worte gefasst wurde und noch immer so wahr ist wie zu jeder einzelnen Zeitepoche, in der sie auftrat.

Nachfolgend einige Beispiele für immer dieselbe Wahrheit:

Jesus sagte: „Wie im Himmel, so auch auf Erden." *(Matthäus 6,10)*

Hermes Trismegistos (die Hermetik) sagte: „Wie oben so unten, wie unten so oben."

Jesus sagte: „Was der Mensch sät, das wird er ernten." *(Galater 6,7)*

Die Hermetik sagt: „Es gilt das Gesetz von Ursache und Wirkung."

Jesus sagte: „Gott ist Geist, und die ihn anbeten, die müssen ihn im Geist und in der Wahrheit anbeten." *(Johannes 4,24)*
Jesus sagte: „Ich und der Vater sind eins." *(Johannes 10,30)*
Und: „Wer mich gesehen hat, hat den Vater gesehen." *(Johannes 12,9)*

Die Hermetik sagt: „Alles ist Geist und der Geist ist in allem." Es gibt noch viele weitere Beispiele.

Es ist derselbe Inhalt. Und doch ist bei allen offensichtlichen Parallelen ein wichtiger Unterschied unübersehbar: Der eigentliche Unterschied in der Überlieferung ist, dass das zentrale Gottesbild des offensichtlichen christlichen Einflusses im *Kybalion* generell ein ganz anderes ist als der der reinen Hermetik.

So sieht ein Hermetiker oder der Ursprung der „*New-Thought*-Bewegung" das, was man Gott nennt – das Alles-was-ist – in sich selbst und überall in der Schöpfung als ein überpersönliches und alles in sich einschließendes Bewusstsein. Ein Hermetiker würde nicht auf die Idee kommen, nach einem Gott im Außen zu suchen, da er sich gewahr ist, dass er als Teil Gottes nicht getrennt sein kann. Diese weltalte Lehre sieht Gott als ein Sein an, das sich in seiner ganzen Schöpfung selbst projiziert und spiegelt.

Die „moderne" christliche Tradition (nach der Zensur durch die Konzile) sieht Gott als eine eigenständige Person, getrennt von der Schöpfung und den Geschöpfen an, dem man voll Reue, Buße tuend oder mit ähnlichen rituellen Handlungen gegenübertreten muss. An einigen Stellen des *Kybalion* ist der genannte nachkonziliäre Einfluss zu vermuten.

„Wir sind Gott" ist deshalb nur dann ein Ausruf von „Halbweisen", wie die „drei Eingeweihten" im *Kybalion* sagen, wenn man bezüglich der tieferen Natur der letztendlichen Wahrheit (= des Einheitsbewusstseins) noch diesen dünnen Schleier vor sich hat, denn:

„EINS IST ALLES, UND ALLES IST EINS."

Das ist Hermetik und zwar in Reinkultur!

Vielleicht wollten uns die drei eingeweihten „Vollweisen" damit im Jahr 1908 nicht überfordern, doch die Zeit entschied sich, uns heute ein Bewusstsein zu schenken, das uns in die Lage versetzt, diese große Wirklichkeit unserer Göttlichkeit zu erfassen oder zumindest von ihr erfasst zu werden.

So ist auch die Trennung, die jeder Religion zu eigen ist und eine scheinbare Distanz zu einem weit entfernten Schöpfer schafft, illusorischer Natur. Diese Trennung wird sowohl durch die moderne Bewussteinsforschung als auch die Quantenphysik widerlegt.

Auf jeder Ebene, der religiösen wie auch der überreligiösen Ebene, kann deshalb dieses Werk, das *Kybalion*, angewandt und verstanden werden. So wird ein kleines Wunder vollbracht, indem diese beiden Lager Anteil nehmen können an dieser großen Offenbarung der ewigen Gesetze.

Die Versöhnung von Wissenschaft und Religion ist dadurch erreicht!

Weitere Bücher des Autors:

Andreas Campobasso
Das Prinzip – Geheimnis zur Erschaffung der gewünschten Realität

Wir haben mehr Macht, als wir je zu träumen wagten! Die Vereinigung uralten Wissens mit den erstaunlichen Erkenntnissen der Neuzeit enthüllt uns das größte Geheimnis – das PRINZIP der Erschaffung der gewünschten Realität.
Diese Botschaft ist Geschichte, Wissenschaft, Mystik, Offenbarung und zeitlose Weisheit. Durch ein gezieltes Studienprogramm und eine effektive Übungs-CD wird sie auch zur Praxis, zur Reise nach innen – zum wahren Ich. Sie lehrt uns das innere Reich kennen, aus dem heraus wir das Außen, die Materie – zum Wohle des Ganzen – schöpferisch gestalten können.

248 Seiten, Hardcover
mit Übungs-CD
ISBN 978-3-939570-53-0

Andreas Campobasso
Sieben – Die stille Revolution hat begonnen

In „Sieben – Die stille Revolution hat begonnen" taucht der Bestsellerautor Andreas Campobasso tiefer in das Mysterium der 7 Wahrheiten ein und vermittelt handfeste Anleitungen, wie wir sie nutzen können. Wer die 7 Wahrheiten des Lebens versteht und nutzt, findet, was alle suchen: Glück und Sinn, Wohlstand, Freiheit und wahre Liebe. Die 7 kosmischen Wahrheiten sind der Weg zu einer stillen Revolution, die alles verändern kann zum Wohle des Ganzen.

ca. 320 Seiten, Hardcover
ISBN 978-3-939570-78-3

Neueste Forschungsergebnisse zeigen: Den Alterungsprozess kann man stoppen!

Wir alle bewundern die Menschen, die mehrere Jahre oder sogar ein ganzes Jahrzehnt jünger aussehen als sie tatsächlich sind.
Was ist ihr Geheimnis der ewigen Jugend?
In diesem Buch erfahren Sie die Ergebnisse mehrjähriger Forschungsarbeit, wie der Alterungsprozess tatsächlich gestoppt werden kann.
Campobasso hat viele motivierende Übungen und Rezepte parat, „Verjüngungskuren", die sich leicht im Alltag umsetzen lassen und eine verblüffende Wirkung zeigen.

Taschenbuch Goldmann ARKANA, 352 Seiten
ISBN: 978-3442218585